JN108202

子どもがバスケを始めたら読む本

7人の賢者に聞いた50の習慣

三上 太 著
鈴木良和 監修
株式会社ERUTLUC代表

ベースボール・マガジン社

はじめに

親としてできることは何か？

息子がバスケットボールをやりたいといい始めた。

4歳年上の姉たちの影響もあるのだろう。小学校3年生からバスケットを始めた娘たちは週に1回のスクールに通っているのだが、親が見ても少しずつ上手になっているのがわかる。息子はその練習につき合わされて毎週体育館に行くうちに、自分もやってみようと思ったのかもしれない。夫婦そろってバスケットをやっていた僕たちからすれば、「しめしめ」といった感じだ。

一方で、親として悩むところがなくはない。

例えば、週1回のスクールで大丈夫なのだろうか？　そのスクールは基本的なスキルだけではなく、体の使い方やスポーツに向き合う考え方なども教えてくれる。親としては全幅の信頼を置いている。しかし、娘たちはそのスクールでしかバスケットをやっていない。公式戦に出たこともない。試合は練習の終盤に行うゲーム形式の5対5だけ。しかも、スクール生の中にはミニバスケットボールのチームに入っている子、つまり、スクール以外でもバスケットをやっている子がいる。その子たちが自然とボールを支配する。娘はたまにボールを受けるのだが、シュートチャンスはなかなか生まれない。

それでも「楽しい」といいながら毎週通っているので、息子も「バスケットは楽しいものなんだ」と思ってくれたのだろう。ただ、親としてはちょっともどかしい。

親として、どうしてあげればいいのだろうか？　どんなサポートをすれば、子どもがいまよりももっと楽しくバスケットを続けられるのだろうか？　もっと前のめりになってくれるのだろうか？

最近では「子どもに考えさせよう」という風潮がある。親がああしろこうしろといわなくても、娘も息子もバスケットを楽しんでいる。妻は「楽しんでいるんだから、それでいいんじゃない？」と話す。確かにそうだとも思うのだが、やっぱり、「親バカ」の虫が騒ぎ出す。ウチの子を八村塁選手（ワシントン・ウィザーズ）のようにNBAに、娘たちを好きな渡嘉敷来夢選手（現在はENEOSサンフラワーズ）のようにWNBAになどと想像を膨らませる。それも親の楽しみのひとつではある。

百歩譲って、そういうことは子どもたちが決めるのだとしても、親は子どものバスケットに対してどのように関わればいいのだろうか？

同じように子どもがバスケットをやっている友人に聞いたところ、親にもいろいろなタイプがいるらしい。子どものプレーをそっと見守る親もいれば、子どもの一挙手一投足に一喜一憂し、練習や試合のあとに熱血指導をする親もいるらしい。もっとひどい話（といっていいのか、愛情があふれすぎているからなのか）としては、「どうしてウチの子を使わないいんですか？」、「絶対に勝たせてください」などとコーチに迫ってくる保護者もいるらしい。「それがコーチのプレッシャーになって、勝利至上主義を生んでいるんじゃないかな」と友人はいっていた。

僕の父も、高校時代の僕に対して「あのシュートは決めなければダメだよ」などと試合後にわかったようなことをいうタイプだった。それでも、コーチの方針に口を出すことはさすがになかった。「あのシュートは〜」というのだって、悪気がなかったことは自分自身が親になって痛いほどわかる。当時は「うるさいなぁ。そんなことは自分が一番わかっているよ」と感じていたが、それを思い出すと、自分の子どもたちのプレーにはできるだけ口を挟まないでおこうと考える。う〜ん、どうしたものか。

そんなことをボンヤリ考えていたときに、「ペアレンツスクール」があると妻から聞いた。子どもたちのスクールで年に数回実施している保護者向けの講習会である。僕は仕事の都合でなかなか参加できなかったのだが、息子が「やりたい」といい始めたタイミングで、仕事の休みとペアレンツスクールの開催日が重なった。チャンスだ。

そこで僕は、スクールを主宰している株式会社ERUTLUC《エルトラック》の代表である鈴木良和コーチに思い切って悩みを打ち明けることにした。

鈴木コーチは育成年代のバスケット指導に精通している。以前からその評判は聞いていたので、娘を彼のスクールに入れたのだが、評判通りの素晴らしいコーチだ。しかも、

入ったあとに、男子日本代表のサポートスタッフを務めたり、日本バスケットボール協会が行う育成年代のキャンプなどでも指導していることを知った。彼だけではない。ERUTLUCのそのほかのコーチ陣も、僕よりも間違いなく若いのに、コーチングについてよく学び、見ているこちらが気持ちよくなるくらい子どもたちとフレンドリーに接して根気強くバスケットを教えてくれる。そこが子どもたちを引きつけている理由だろう。

鈴木コーチなら、きっと僕の悩みを解消する答えを知っているはずだ。そう思って話をすると、少し考えてからこういってくれた。

「わかりました。じゃあ、私が知っているその道の専門家に話を聞きに行ってみませんか？　おとうさんをはじめとする保護者の方々にとって何かヒントになる話を聞けるかもしれません。私自身もコーチとして改めて学んでみたいと思うので、一緒に行きます」

そんなことってあるのだろうか？　「バスケットをやっている子どもを持つ親」として知っておくべきこと、もしくは知っておいたほうがいいことをスポーツの専門家から僕たち一般人が直接聞けるなんて。

でも、それを知れば、子どもたちがより楽しくバスケットができるようになり、さらには彼らの可能性をより広げられるかもしれない。親としてはぜひ聞いてみたい。僕は「よろしくお願いします」とふたつ返事で鈴木コーチに頭を下げていた。

CONTENTS

第3章 ちゃんと食べれば、いい選手になれますか？

第4章 バッシュ選びって重要なことなんですか？

CONTENTS

第7章 スポーツ大国・アメリカの育成年代ではどんなことが起きているんですか？

終章 ところで、ERUTLUCではどんな指導をしているんですか？

―言葉の1on1―

おとうさんの悩みに寄り添う

7人の賢者たち、その姿は――。

身長を伸ばすことってできますか？　第1章

星川精豪《ほしかわせいごう》さん

アスレティックトレーナー

山形県酒田市出身

早稲田大学大学院スポーツ科学研究科アスレティックトレーニング専攻修了。青山学院大学フィットネスセンター、早稲田大学ラグビー蹴球部でアスレティックトレーナーを務め、現在は江戸川大学男子バスケットボール部、実践学園中学校男子バスケットボール部、聖路加国際病院で指導にあたる。日本バスケットボール協会技術委員会スポーツパフォーマンス部会所属。日本スポーツ協会公認アスレティックトレーナーであると同時に、鍼灸師などの肩書きも持つ。

怪我をしたら、どうすればいいですか？　第2章

岩松真理恵《いわまつまりえ》さん

アスレティックトレーナー

福岡県久留米市出身

早稲田大学卒業後に渡米し、全米アスレティックトレーナー協会認定資格（ATC）と修士号を取得した。bjリーグ（当時の男子プロバスケットボールリーグ）の埼玉ブロンコス、浜松・東三河フェニックス（現・三遠ネオフェニックス）でアスレティックトレーナー兼通訳の任にあたり、現在はバスケットボール女子日本代表専任アスレティックトレーナーを務める。

ちゃんと食べれば、いい選手になれますか？　第3章

木村典代《きむらみちよ》さん

公認スポーツ栄養士

埼玉県朝霞市出身

高崎健康福祉大学健康福祉学部健康栄養学科教授。日本卓球協会スポーツ医・科学委員栄養部門リーダー、日本オリンピック委員会強化スタッフ(卓球)、日本スポーツ栄養学会会長、日本栄養改善学会理事、日本体力医学会評議委員など、数々の要職を務める。

バッシュ選びって重要なことなんですか？　第4章

アシックスジャパン株式会社のみなさん

総合スポーツ用品メーカー。アシックス（ASICS）のブランドで競技用シューズ、スニーカー、アスレチックウェアなどを製造販売する。日本国内の業界で売上高1位を誇る。

インナーって着用したほうがいいんですか？　第5章

株式会社ドームのみなさん

各種スポーツ用品の製造販売を行う輸入製造販売会社。1998年にアメリカ・スポーツアパレルメーカーの「アンダーアーマー」と契約を結び、日本総代理店となる。

どのようにして子どもに接すればいいんですか？　第6章

小林宏繁《こばやしひろしげ》さん

メンタルトレーナー

長野県長野市出身

筑波大学卒業、ニューヨーク州立大学大学院教育科学修士課程修了。学校法人自由学園男子部で38年もの長きににわたって教鞭をとったあと、社会福祉法人与野ひなどり保育園で園長を務めた。現在はFamily First Globalとパートナーシップ関係にあるFamily First Japanの代表。日本のナショナルコーディネーターとして、オーストラリアを含むアジア諸国のFamily First Nationと連携しながら、小中学校高校のPTA、小中学校の教諭、学生、地域社会の青少年育成会、ユースアスリート、スポーツ指導者といった個人や団体に対し、家族関係を中心とする中長期的なメンタルトレーニングをセミナーやカウンセリングを通じて行っている。

スポーツ大国・アメリカの育成年代ではどんなことが起きているんですか？　第7章

中山《なかやま》佑介《ゆうすけ》さん

アスレティックトレーナー

静岡県裾野市出身

早稲田大学卒業、アーカンソー大学スポーツ科学及びキネシオロジー研究科修士課程修了、ミシガン州立大学スポーツ科学及びキネシオロジー研究科博士課程修了。現在はTMG athleticsの代表を務める一方で、Bリーグ・滋賀レイクスターズのパフォーマンススーパーバイザーとしても活躍する。

デザイン　黄川田洋志、井上菜奈美、石黒悠紀（有限会社ライトハウス）
藤本麻衣

第1章

身長を伸ばすことってできますか?

大学と中学校のトレーナーに聞く

鈴木コーチが最初に引き合わせてくれたのは星川精豪さんだった。星川さんは江戸川大学男子バスケット部や実践学園中学校男子バスケット部でトレーナーを務めている方だ。

実は僕は身長が190センチ近くある。妻も165センチで、一般的には決して小さくない。だからだろう、娘たちも息子も同じ年齢の子の中では大きいほうなのだが、彼女たちよりも大きい子も当然いる。ERUTLUCのスクールでも、同学年はもちろんのこと、下級生でも彼女たちよりも大きい子がいる。比較しても意味がないことくらいわかっている。でも、親としては「バスケットをやるなら身長が高いほうがいいよなぁ。身長ってどうすれば伸びるんだろう？　令和のいまも牛乳なのか？　いりこなのか？最新の研究でもっといい方法があるんじゃないのか？」などと考えてしまう。

バスケットをする上でよく聞かれる「身長を伸ばすにはどうしたらいいですか？」といった質問に対し、体のプロはどう答えるのか？　体の仕組みがいまひとつわかっていない190センチのオヤジが、どういう仕組みで自分がそうなったのかがわかれば、親への感謝とともに、我が子への接し方が少しは変わるのではないだろうか？

骨が伸びれば、身長も伸びる

父親　子どもたちが「バスケットを始める」と聞いたときから、背を伸ばしてあげたいと思っています。「背が伸びる」仕組みは、そもそもどういうことなんでしょうか？

星川　バスケットをやる人なら、高い身長がほしいと誰もが一度は思いますよね。私はこういう仕事をしているので、いろいろなところで「身長が一番伸びるのはいつですか？」と聞かれます。一般的には小学校高学年から中学生にかけてのいわゆる成長期に一番伸びるといわれていますけど、実はそれは間違っています。人間の身長が一番伸びるのは生後半年の時期です。ほとんどの人が忘れているんですけど、実は生まれてまもなくの時期に一番身長が伸びるんです。それから年にだいたい5センチくらいずつ伸びていき、次に大きく伸びるのがさきほど話した第2次成長期、つまり思春期の時期です。

父親　そういわれれば、確かにそうですね。

星川　あっ、「当たり前のことをいうな」って思いました（笑）？　実は近年になってさらにいろいろなことがわかってきています。例えば、「トレーニングのあとはゴールデンタイムなので、成長ホルモンが出ている間にプロテインをとりましょう」という説。あれは間違いだとわかってきました。トレーニングで筋肉を傷めつけたときに出てくるのは、成長ホルモン以外にもうひとつあります。筋肉そのものにあるホルモンです。実はそっちのほうがいっぱい出ていて、それで筋肉が回復して成長することが東京大学の研究でわかりました。男性も女性もエストロゲンというホルモンを持っているんですけど、それが作用して身長が伸び始めるときこそが第2次成長のタイミングだという点もわかってきました。振り返ると、女子の成長期のほうが早く訪れていませんでしたか?

父親　そういえば、小学生の頃は女子の成長のほうが早かったような記憶があります。

星川　それは女性が持っているエストロゲンの量のほうが多いからなんです。だから、基本的には女子のほうが成長期が早く始まり、遅れて男子の成長が始まります。伸びる子だと年間で12センチくらい伸びたりします。そこは本当に人それぞれなんですけど、成長が早くやってきた人、いわゆる「早熟」の人のほうが成長期に年間でドンと伸びる値がより大きいとされています。例えば、A君の成長期が早く訪れたとして、身長が一番伸びたときの数値が年間で15センチだったとします。一方のB君は成長期が遅く、これを「晩熟」というんですけど、成長期には8センチしか伸びませんでした。そうなると、早熟と晩熟の子の差が広がります。でも、晩熟の子は1年間でドンと伸びる値は小さいけれども、成長期が長く続くんです。渡邊雄太選手（トロント・ラプターズ＝NBA）は晩熟で、ずっと伸び続けました。晩熟の選手はそういう子が多いんです。年間では7センチしか伸びなかったけど、次の年も7センチ、その次は6センチみたいな感じで、トータルすると相当大きくなるのが晩熟の子に見られるパターンです。体の成長がゆっくり進むので、親としては長い間心配するかもしれません。でも、僕が見た選手の中には大学の4年間で15センチも伸びた子がいます。

鈴木コーチ　身長が伸びるというのは具体的にどういう現象なのでしょうか？

星川　すいません、話がずれましたね。身長が伸びるのは骨が伸びることなんです。床から縦にどれくらい伸びたかになります。みなさんは「骨端線」という言葉を聞いたことがありますか？　骨というのはカルシウムなので、レントゲンで見えるんですけど、そこに黒い線があれば、それが骨端線です。骨端線は軟骨状態、つまり骨が骨になりきれていないところで、それがだんだん伸びて骨端線が消えてくると、身長の伸びが止まります。整形外科でレントゲンの写真を見ながら「身長はまだ伸びるよ」といわれたら、それは骨端線が見えていることを根拠にしています。

父親　どの骨を見ているんですか？

星川　頭蓋骨のように骨端線が早期になくなるところもあるんですけど、骨と呼ばれるものには、基本的にすべて骨端線があります。骨端線がある骨は伸びるんですけど、伸びるタイミングが異なります。昔から伝えられてきた「足が大きい人は身長が高くなる」というのは間違いではありません。研究結果として、基本的には末端のほうから伸びていくといわれているからです。もちろん、全体的に伸びるんですけど、まずは末端のほうが先に伸び、骨端線が早く閉じていきます。ですから、足が大きいということは、そのあとに膝から下、太ももと伸びて、最後に胸郭が伸びてきます。そういうわけで、この子は身長がまだ高くなるという話につながるんです。骨端線の話はもうひとつあります。「タレント発掘」の手法としてよく使われる左手のレントゲンの話です。日本ではX線の問題があってレントゲンの実験は倫理的にできないんですけど、海外には実験を行っている人がいます。レントゲンを撮影して、3本の指と手根骨という小さい骨の骨端線を数値化します。それを点数化して将来の身長を導き出したり、ピークが何歳にやってくるかを予想したりするんです。そのデータから、「君は将来大きくなるので、バスケットボールをやろう」と勧める国があったほどです。

トレーニングをやっても身長は伸びる

父親　昔から牛乳を飲んだら身長が伸びる、いりこを食べたら骨が強くなるなどといわれますけど、その点に関する研究もあるんですか？

星川　牛乳を飲むと身長が伸びると確かにいわれていますけど、科学的にはそこまで証明されていません。ただひとついえるのは、カルシウムはマグネシウムとの比が2対1じゃないと体に入らないことです。牛乳を毎日飲んでいるのに全然成長しない子がいました。話を聞くと、毎日下痢になるといいます。さらに聞くと、牛乳を人の3倍くらい飲んでいました。つまり、2対1の比から逸脱していたんです。消化や吸収がされず、ほかの栄養素まで下痢で出していたために成長できなかったわけです。牛乳を飲まないとカルシウムが足りなくなるという弊害があるかもしれませんけど、牛乳を飲みすぎる弊害のほうがもっと大きいと思います。ところで、「タッパー飯」ってご存知ですか？

父親　タッパー飯ですか。知りません。

星川　タッパーに白米だけを詰めて梅干しやふりかけで食べるのがタッパー飯です。そうすると炭水化物過多になり、さらにはインシュリンというホルモンなどが関係して、成長ホルモンが出にくくなります。最近では、白米だけを食べていると、早熟で身長が伸びにくくなるといわれます。もちろん、ご飯は食べてもいいけど、それ以上に野菜や副菜、それこそ牛乳も含めて、バランスよく量を増やしていくことが大事になります。

父親 身長の話でいえば、小中学生のうちからダンベルを使うような筋トレをすると身長が止まってしまうと昔よく聞いたんですけど、それはいまも生きていますか?

星川 確実にわかっているのは、身長の伸びは骨の伸びなので、骨の伸びが制限されると身長も伸びにくくなるということです。主に身長に関わってくるのは縦に長い骨です。例えば、太ももの骨、膝から下の脛骨、背骨、脊柱の骨などです。一方で、スポーツは立って行うことが多いので、縦に伸びている筋肉が骨の伸長を制限してしまうパターンが多くなります。大腿四頭筋、ハムストリングス、ふくらはぎの筋肉、背中の筋肉などです。それらの筋肉が常に硬い状態だと、骨は伸びにくくなります。逆にいうと、それらの筋肉を柔らかくしておくことが、身長が伸びる上ですごく重要になります。トレーニングすると身長が伸びないといわれたのは、トレーニングによって、筋肉を強くすると同時にその筋肉を硬くしてしまう傾向があったからだと思います。ストレッチの文化などがまだ入っていなかったことも大きかったでしょう。トレーニングをやっても筋肉を柔らかくしておけば、身長は伸びると思います。トレーニング後に必ずストレッチを入れる、お風呂上がりにストレッチをするといったことでカバーできると思うんです。

父親 お風呂上がりのストレッチを早速やらせてみます。

星川 ぜひ、そうしてください。一方で、膝が痛い子はストレッチをしても痛みが出るんです。そうなると痛いからやらなくなるんですけど、筋肉を柔らかくする方法はほかにもあります。例えば、マッサージ。いまは自分でできるマッサージ器具があります。足の裏や背中などにテニスボールをごろごろ当てるだけでもいいんです。

父親 星川さんが見ている実践学園中学校の男子バスケット部でもトレーニングをやっていますか？

星川 はい、ガンガンやらせています。もちろん、個々の成長に合わせて、君はやっていい、君はまだやめておこうとグループ分けをしています。その上で、彼らの身長と東京都の医療保険調査で出ている都の中学生の平均身長とを毎年比べています。平均3センチくらいは、実践学園の子のほうが東京都の平均よりも高いデータが毎年出ています。中学生の男子の場合、中1の4月から中3の4月までの2年間でだいたい11～12センチ伸びるんですけど、実践学園の子たちは16～17センチ伸びます。勘違いしてはいけないのは、トレーニングをやったから身長が伸びたわけではありません。もともと大きくな

「背が伸びる」仕組み

身長の伸び

＝

骨の伸び

↓

骨の成長のための注意点

- カルシウムはマグネシウムとの比が２対１になるように摂取する
- 食事はバランスよくとる
- ストレッチとセルフマッサージの応用で筋肉を柔らかくする

りやすい子が実践学園に集まっている可能性もあります。それでも、トレーニングをガンガンやっても身長が低いままでいることはないという、ひとつの事例にはなり得ます。ですから、小中学生でもトレーニングはやっておいたほうがいいと思います。

将来のために休ませようと決断する

父親 まずは骨が伸び、かつ筋肉を柔らかく保つことで筋肉も一緒に伸びるというのが、成長のメカニズムなんでしょうか?

星川 体の組織によって伸びるタイミングがあって、骨は結構早いんです。骨のあとに筋肉が成長してくるので、成長期に筋肉が硬いのは引っ張られていることが多く、身長の伸びが収まってきたときに今度は筋肉の成長が追いつき、筋力がついてきます。靭帯なども遅れて発達してきます。成長期に捻挫などの靭帯損傷が多く発生するのはそのためです。

父親 成長期で気になるのは確かに怪我です。いまの靭帯の話もそうですけど、成長期によく聞くのが成長痛です。成長痛についても教えてください。

星川　これも発達するタイミングによります。例えば、膝の成長痛は「オスグッド・シュラッター病（以下、オスグッド）」のことですけど、これはまだ骨化していない脛骨の端っこが引っ張られて痛みが起きるものです。レントゲンで撮影すると、脛骨の端っこが太ももの前の筋肉から膝にくっついていなくて、骨端線が見えます。まだ骨になりきっていないんですね。そこが引っ張られて骨化してくるので、膝が出っ張ります。簡単にいうと、**オスグッドは骨折**なんです。なぜそうなるかというと、骨が成長する最中に筋肉が引っ張られたり、いっぱい使った筋肉が硬くなったりすると、骨の上か下にしわ寄せがくるからです。そのために膝下が痛いという人もいれば、股関節が痛いという人もいるわけです。スポーツによって異なるんですけど、バスケットでは膝下に痛みが出る人がほとんどです。スポーツの中でオスグッド病が一番多く出るのはサッカーです。もちろん、個々の成長スピードによって違いますし、そのときにやっていた練習でも結果は違うと思います。

父親　予防や対策はありますか？

星川　これもやはり、ストレッチをする、あるいはストレッチで痛ければマッサージをするなど、筋肉を柔らかくしておくことになります。ただし、**オスグッドの一番の問題は「成長痛」と思われていること**です。「成長痛だからやれるでしょ」といわれるんです。

オスグッド（オスグッド・シュラッター病）

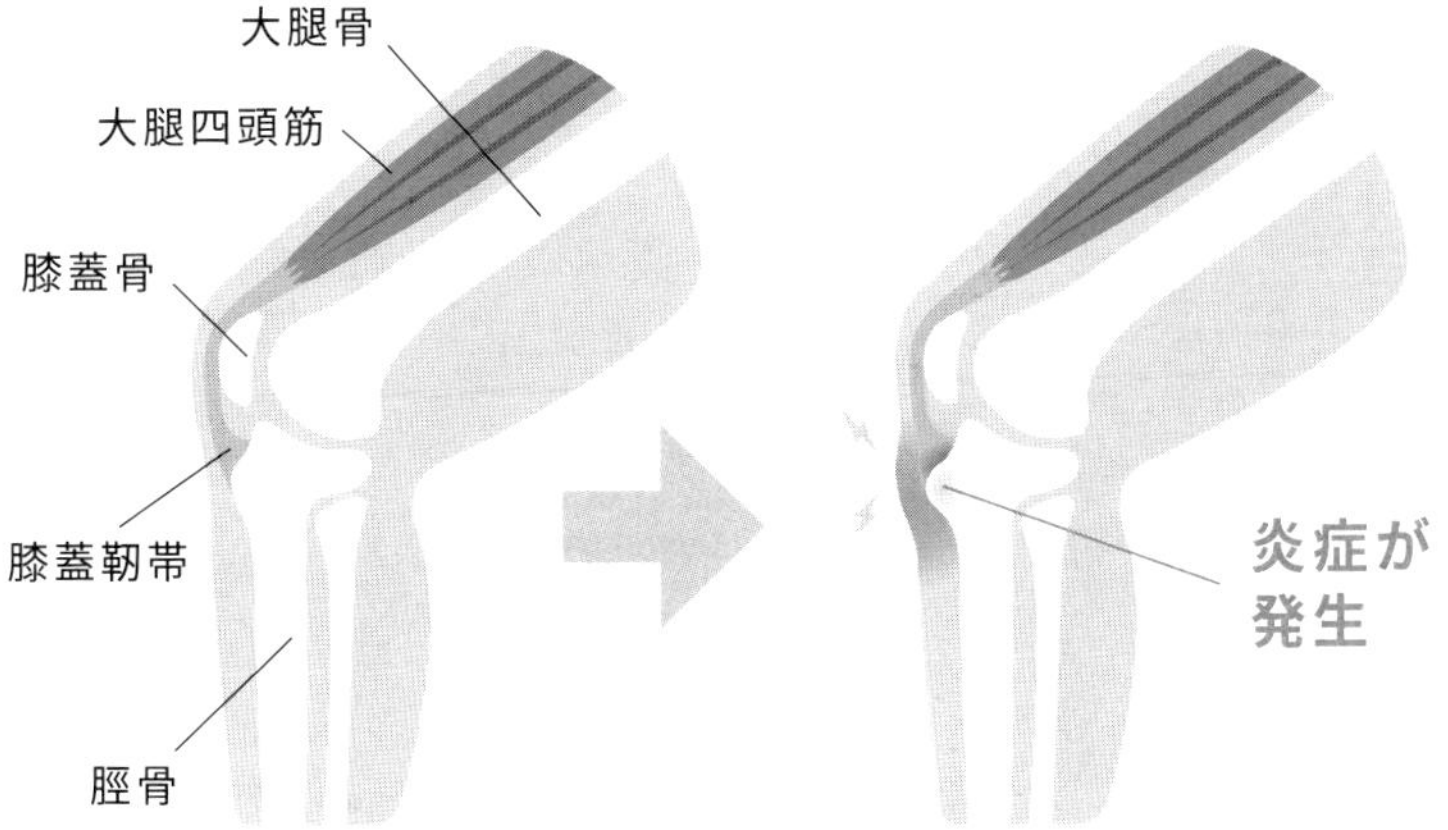

正しい知識を持っていないと、オスグッドさえ「ただの成長痛でしょ」といわれてしまうんですけど、それは違います。さきほどもいいましたけど、オスグッドは骨折なんです。本当に痛いんです。でも、「みんないままでやってきたんだから、お前もできるだろう」と思われてしまいます。ほかの怪我も含めて、休んだほうが治りは絶対的に早いんです。オスグッドを単なる成長痛と考えてはいけません。先生、コーチ、保護者の方が正しい知識を身につけて、この子の将来のために休ませようと決断するのが一番の治療法かなと思います。もうひとつは痛いという感覚、例えば、膝のオスグッドの場合は運動すると痛いわけですが、その痛いという感覚を治めるには早く骨化することが一番です。でも、早く骨化しようとすると、本来ならもう少し長かったはずの成長期が短くなる可能性があります。膝が痛い場合、骨化を早くしようとして成長期を早く終わらせると、本来なら到達する予定だった身長に届かなくなる可能性が高まります。

鈴木コーチ　実際の指導現場では、成長痛について「休めば治まる」とは思っていない人がまだまだ多い気がします。「成長期の間はずっと痛いんだから、やるしかないだろう」と。オスグッドの場合、何日くらい休めば、痛みがとれますか？

星川　成長期といっても長いので、骨化するまでにはすごく時間がかかります。でも、何かが引き金になると、ずっと痛いんです。それまで全然出ていなかったのに、たまた

休むという決断

成長の順番とトラブル発生のタイミング

1 2 3

骨 → 筋肉 → 靭帯

- 骨→筋肉：成長痛発生のリスク
- 筋肉→靭帯：捻挫などのリスク

↓

痛みが発生したら？

- 72時間の休み
- アイシングとストレッチ
- テーピングなどによるサポート

まボールが膝に当たったことが引き金になって成長痛が出始める場合があります。ボールが当たったことで炎症が起きるんです。オスグッドも同じです。炎症症状というのはだいたい72時間は続きます。ですから、3日くらい休んで、アイシングともも前のストレッチを繰り返したりすると、3日から1週間くらいで痛みがとれます。そこからテーピングなどでサポートしたりすれば、僕個人としてはプレーしても大丈夫かなと思います。それでも痛みが変わらないという子は、あまり見たことがありません。練習は休んだけど、裏でいろいろやっていたから痛みが治まらなかったというパターンはありましたけど（笑）。子どもだから仕方ないといえばそうなんですけど、要は休んでいる間にいかに退屈させないかだと思います。いまをチャンスだと思ってこういう練習をやろうと促すんです。走れなくても、ドリブルやシュートの練習はできるわけです。

海外ブランドの靴は日本人の足に合わない？

父親　こういうと叱られるかもしれませんけど、痛くてもやらなければいけないときがあると思います。

星川　ありますね。そういうときは、さきほどもいいましたけど、何のサポートもしないでやるのではなく、テーピングをしたり、サポーターを巻いたりして行いましょう。練習前にきちんとストレッチをするとか、ウォーミングアップをする時間をしっかりとるんです。膝が痛い子がいたら、準備の時間を個別にとったり、早めに来てもらったりするといった対策があります。ただ、オスグッドはすごく大きな弊害を生んでいると思います。オスグッドが痛くてバスケットをやめる長身の子が結構います。小6で190センチ近くになったけど、膝が痛すぎて歩けない子がいました。その子は身長が伸びなくなる注射を打って膝の痛みがなくなり、中学校の全国大会で優勝しました。でも、その後、バスケットでスポットライトを浴びることはありませんでした。

父親　たとえ全国大会に間に合わなくても、しっかり休んでいれば、もっと身長が伸びて、もっと活躍できたかもしれませんね。親は子どもの活躍を見たいと考えるあまりに、その先を見落としがちかもしれません。バスケットで一番多く見られるのはオスグッドですか?

星川　僕の中ではオスグッドが一番で、その次がもうひとつの成長痛といわれる「シーバー病」です。踵骨（しょうこつ）、つまり、かかとにある軟骨の成長痛です。

父親　シーバー病ですか。初めて聞きました。どんなものでしょうか?

星川　かかとに痛みが出るものです。これもオスグッドとほぼ一緒で、繰り返しのジャンプなどで起きます。加えて、バッシュ選びも痛みの要因になります。クッション性のないバッシュを履いていたらかかとが痛くなったという子が、たまにいます。かかとが痛くて「バッシュが合わないのかな？」という子がいますが、それはたぶんシーバー病です。オスグッドは中学年代の身長が伸びる時期に多く見られるんですけど、シーバー病はそれよりも前の時期に多く起きます。骨が縦に伸びる前ですね。厳密にいうと、かかとも縦に伸びる骨のひとつです。シーバー病になった子はオスグッドにもたいていなるイメージ。遺伝的なことも作用しているんじゃないかと思っています。

父親　クッション性があるシューズのほうがいいということですか？

星川　決してそうではないと思います。あくまでも一般的な日本人の例ですけど、海外の有名ブランドの靴は日本人の足に合っていない場合が多いものです。普段は26センチのシューズを履いている子がそのメーカーだと27センチじゃないと入らないからといって、27センチを履くケースがあります。

父親　僕はまさにそれでした。

星川　裏のソールを見ればわかると思うんですけど、シューズは力が一番入るところに補強が施されています。でも、足に合っていないシューズを履くと、そこがずれます。

そこに力がちゃんと乗るから怪我をせずにいいプレーができるはずなのに、ずれたところに母指球があると、力が分散してしまいます。それでシューズの中でずれたり、土踏まずに疲労がたまったりして、シーバー病にかかりやすくなります。足の上にある足首や膝にも負担が当然かかります。ですから、一概にクッション性の問題だけではなく、いろいろな問題があるのかなと思います。

父親　シーバー病になってしまったら、どのような対応をすればいいでしょうか？

星川　ちょっと面白いのが、別のブランドのバッシュを履いた瞬間に「痛くなくなった」子が多いことです。もちろん、海外ブランドのほうが症状が出ない人もいます。そればかりは正直わかりません。それも踏まえて、バッシュ選びが一番大きな要因になるんじゃないかなと思います。

父親　成長期は捻挫も起こりやすいとのことでしたが、僕自身、中学高校と捻挫ばかりしていた記憶があります。

星川　捻挫も成長期に多い怪我です。最近はいろいろなところから情報を得られて、「捻挫=靭帯損傷」と思っている人がいるんですけど、実際は違います。文字通り、捻ったことが「捻挫」なので、厳密にいえば、捻挫をした靭帯損傷であり、捻挫をした骨折もあるわけです。子どもの場合は捻挫をした骨折が多いんです。特に足首の内側。外側の靭帯は3本ですけど、内側の靭帯は4本が集まっている強い靭帯なんです。内側に捻ると、反射でそのねじれを戻そうとします。戻すそのときに骨折してしまうんです。足首の内側って靭帯はめちゃくちゃ強いのに、骨は弱くて、それで、剥離骨折しやすいんです。僕が指導する子どもたちには必ずいっていることなんですけど、捻挫でも必ず病院に行きましょう。捻挫をしたら病院に行き、骨が折れていないかどうかを確認する、これがとても重要です。ただの捻挫といわれてやり続けると、骨端線のところに剥離骨折を起こします。「骨端骨折」といわれるもので、これも身長に関わる可能性があります。軽い捻挫でも軽く考えずに、整形外科で画像をちゃんと撮影して、骨折かどうかを見てもらうようにしてください。骨折でなければ捻挫の対処をしますし、骨折していたら固定したほうがいいわけですから。

父親　それは知りませんでした。星川さんのような専門家やそういうことを知っているコーチがいるなら大丈夫そうですけど、専門じゃない人が見ているチームの場合は、「捻挫なので、その処置をすればいい」と先生やコーチにいわれれば、親としては「そうか」となりそうです。

睡眠や食事について考える

父親 話は変わりますけど、「寝る子は育つ」といわれた時代がありました。身長と睡眠に関係性はあるんでしょうか？

星川 睡眠が成長にとってすごく重要なのは誰もが知っていることです。本当に大事だと思います。問題は寝方であって、いまの子どもたちって寝ている途中で起きてしまう子が多いみたいなんです。僕たちが子どもの頃ってそんなことは考えられませんでした。話を聞くと、2時間おきに目が覚めるとか。そういう子に多いのがスマートフォンを自由に使っているケースです。寝るまでずっと触っていて、眠くなってきたから寝るんですけど、人間って体温が高いところから下がったときに深い眠りに入ります。そのタイミングが早ければ早いほど、長時間寝られるわけです。疲れがとれない人はそこが甘いんです。睡眠を変える必要があります。具体的に何をするかといえば、最近の子はシャワーしか浴びない子が多いようですけど、寝る1時間半前くらいにお風呂に浸かるといいんです。「寝る前にお風呂に浸かって、体を温める。布団に入るときは、そこから体温が下がる状態にしておく。だから、クーラーを使ったほうがいい」と、スタンフォード大学の西野精治先生がよくいっています。クーラーを使って、体温が必ず1度くらい下がるようにするんです。そうすると、途中で起きずに深く寝られるとのこと。成長ホルモンが出ている時間帯が長くなりますし、疲労の回復にもつながるので、いいことしかないと思います。睡眠についても正しい知識が必要だと思います。

父親　成長期にある子どもたちは、やはり早く寝たほうがいいということですね。

星川　なるべく早く寝たほうがいいと思います。でも、いまは家に帰ってからも勉強しなければいけない状況があります。中学生でも、課題が終わらなくて夜中の12時や1時に寝るという子がいると思います。そこから8時間寝たら9時ですけど、学校に行く時間を考えると、6時には起きなければいけません。5時間しか寝られないわけです。早く寝ようというのは、8時間の睡眠時間をキープするため、途中で起きずにずっと寝ている時間を確保するためなんです。以前は、夜の10時と深夜1時に成長ホルモンがたくさん出るといわれていました。実はこれもまったく違って、寝ればいつでも出ることがわかってきています。

父親　身長の話に関しては、遺伝のことがよくいわれます。おとうさんとおかあさんの背が高かったら子どもも大きくなるとか、あるいは逆のパターンもあります。やっぱり、それは事実なんでしょうか？

星川　残念ながら、遺伝の影響はかなり強いですね。6～7割が遺伝ともいわれていま す。子どもたちからも「何をすれば、身長が高くなりますか？」と聞かれるんですけど、僕は考え方が真逆で、「こういうことをすると身長が伸びにくくなるよ」と伝えています。どちらかというと、マイナスのことを考えているんです。本人たちにはいいませんけど、僕たち専門家は将来の身長を何となく予測できます。むしろ、そこまで達しない場合はそのほうが問題かなと思っていて、それには睡眠や栄養がすごく密接に関わってきます。実際にデータがたくさんあって、例えば、戦時中の子どもたちは身長が低かったりします。現代でも、貧しい国や地域の人たちの身長が低いのは栄養やストレスによるものだといわれます。つまり、いろいろな要素がトータルされて身長に関わってくるわけです。そう考えると、体の面だけでなく、メンタルのケアも成長期には大事かなと思います。

父親　遺伝もさることながら、栄養やメンタルも身体的な成長に大きく関わってくるんですね。

星川　はい。さらにいえば、父親が大きいと子どもは大きくなります。ただし、そういう子は早熟傾向です。一方で、父親は平均くらいだけど、母親が平均よりも大きい子は晩熟で大きくなっていきます。そうした2パターンがあって、どちらも子どもの身長は高くなるんですけど、遺伝的に栄養を吸収しやすいとか吸収しないという人がいます。

父親　渡邊雄太選手の話がさきほど出ましたけど、確か彼のおとうさんは大きくて、おかあさんも平均身長よりも高いですよね。母親側の遺伝が強くて、晩熟系なんでしょうか？

星川　彼と初めて会ったときに、「あの子は身長が相当高くなるよ」とある先生からいわれました。それを別の先生に話したところ、「俺もそう思うんだよな」と。そのときは（渡邊選手の母校である）尽誠学園高校の色摩拓也先生も来ていて、「彼の成長をちゃんと考えないといけないですね」みたいな話をした記憶があります。中学生の頃の彼は170センチくらいしかありませんでした。それが今では2メートル超えです。

鈴木コーチ　保護者の方が早熟や晩熟に対して何かできることはありますか？

星川　科学的に解明されていないところがたくさんあるんですけど、成長期の発現には女性ホルモンが関係することがわかっています。医学的なことなので、スポーツの現場でやれることは少ないと思うんですけど、早熟か晩熟かは何となくわかりますよね。数値化ができないので、本当のタイミングはわからないんですけど、僕がやっているのは普段から身長を測ることです。だからといって、それだけでは将来的に何センチになるかは見えてきません。ただ、身長が伸び始めたタイミングはわかるので、ほかの子よりも早いんだったら早熟傾向にありますし、そうでなければ晩熟傾向にあるということです。いまのバスケット界は「早熟悪」みたいに考える傾向にあります。でも、それは間違っていて、早熟でも身長が2メートル10センチになったらすごいじゃないですか。いまの日本代表の選手たちは晩熟のイメージがたまたま強いんです。

父親　渡邉選手がまさにそうですね。

星川　そうなんです。でも、「早熟で周りの子よりも大きいから、ミニバスのチームではセンターをやっている。ただ、この子は将来的には167センチまでしか伸びないと思われる」というケースをそのままにしていたら、ダメだと思います。**早熟か晩熟かを見極める必要がなぜあるかといえば、その先を見越した指導を考えられるからです。**いまの例でいうと、その子の夢がバスケットの日本代表になることやNBAに行くことだとして、センターだけをやらせていたら終わってしまいます。でも、どうやら167センチくらいまでしか伸びない早熟だとわかれば、**「いまはセンタープレーをやっているけど、将来は富樫勇樹選手（千葉ジェッツ）みたいなプレーができるかもしれないよ」**といって、ドリブルの練習もしっかりさせます。そうすれば、その後も自分の夢を目指せます。それこそ、富樫選手は中学生のときからすごかったわけで、彼は早熟でした。目指す方向性の選択肢を与えるために早熟か晩熟かを知るというのは、親としても大切なんじゃないかなと思います。

父親　成長と体重についてはどう考えますか？

星川　正直なところ、体重のことはいままであまり気にしていませんでした。でも、いわゆる肥満とか体重過多の子って早熟化の傾向にあります。早期に成長期がやってきて早く終わってしまうという傾向があるみたいです。実際に子どもたちの変化を見ると、そうなんです。稀なことですけど、体重過多でも小6で187センチあるという選手がいました。でも、その子でさえ、その後は10センチしか伸びませんでした。成長期が早く収まったようです。もしかしたら体重はないほうがいいんじゃないかと思うことがあります。晩熟で身長が伸びやすい子って細い子が多いんです。将来的に伸びた子がたまたまスリムな体形だったのか、それはわかりません。基本的には、身長に使われるエネルギーのある人が太くなることはないですよね。余分なエネルギーがあって、それが脂肪に回っているんだと思います。そういう子に話を聞くと、たいていが炭水化物ばかりを食べています。さきほどのタッパー飯じゃないですけど、炭水化物をたくさんとると、成長ホルモンが出にくくなるので、その関係はあるんじゃないかなと思います。

父親　よく食べる子に対して、親としては「食べすぎちゃダメ」というべきなんでしょうか？　逆に、中高生くらいになると、体形を気にしてダイエットを考える子もいるで

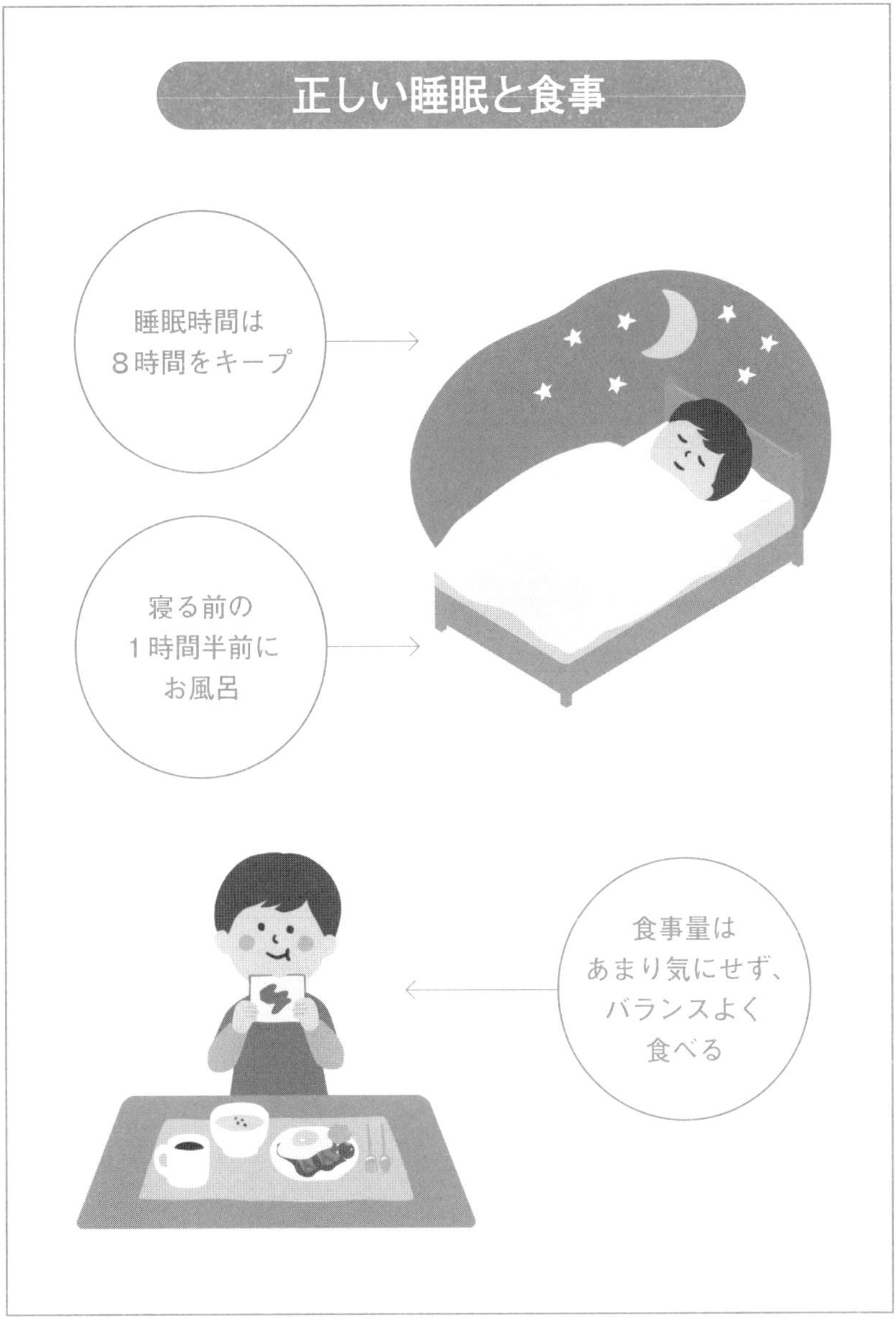
正しい睡眠と食事
睡眠時間は
8時間をキープ
寝る前の
1時間半前に
お風呂
食事量は
あまり気にせず、
バランスよく
食べる

しょう。星川さんはどのようにアドバイスしますか？

星川　僕は「食べるな」とはいいません。むしろ、それまで食べてこなかったほかのものをきちんと食べるようにさせます。炭水化物ばかりをとっていた子であれば、肉を多めにしてご飯を少なくするといった調整をします。個人的には、どんなに食べても、ちゃんと運動していれば、それ相応の体になると思っています。運動しなくなると、問題はありますけど……。ですから、アドバイスとしては、食事の量はあまり気にせずにバランスよく食べてもらうことくらいでしょうか。そのためには、保護者の方であれば、料理方法を変えるとか、いろいろなやり方があると思います。

父親　それこそ、親の出番になりますね。

怪我で困っている子どもたちを助けたい

鈴木コーチ　かつては、試合に負けるだけで殴られるチームがあったと思います。これはテレビなどの一方的な情報ですけど、卓球の福原愛さんのケースのように小さい頃からプレッシャーをかけて厳しく教えれば、将来的にすごい選手になるんじゃないかと考えがちな大人がいると思います。でも、実はそうしたプレッシャーが早熟化につながる可能性があります。そうした情報が広まれば、親としてとるべき行動ではないとわかります。

星川　僕は早熟と晩熟に分けてトレーニングを行っています。以前は、4つの期に分けてトレーニングをやっていました。でも、年間で一番伸びる時期の前後で比べた際の身長データがあまり変わらなかったので、身長が伸びているとき（晩熟）とピークを越えたとき（早熟）のふたつがわかればいいと思うようになりました。年間で見てピークを越えたら、トレーニングをやったほうが身長はさらに伸びます。定期的に身長を測ると、ドーンと伸びるタイミングがわかります。身長が伸びている時期とピークを通り越した時期の2点がわかれば、トレーニングプログラムを変えられます。成長を妨げることなく、バスケットがうまくなるんじゃないかなと思います。

父親　子どもの成長のために、保護者だからこそできることは何かありますか？

星川　僕は子どもたちと毎日会うわけではないので、子どもたちの変化については、毎日会っている保護者のみなさんに気づいてもらいたいですね。例えば、怪我をしても痛いといえない子がいますし、普段よりも食欲がないとしたら、学校でいじめにあっているのかもしれません。もしかしたら、部活で顧問の先生に怒られたのかもしれません。

そうした何かしらのサインが保護者ならわかりますよね。それに気づいて、うまく解決できるように手助けすることによって、バスケットを嫌いにならないようにしてあげてほしいと思います。

父親　怪我の痛みや人間関係のストレスが、実は成長にもつながっているということですね。

星川　はい。意識がいろいろなところに向いていると、成長はもちろんのこと、怪我についてもその原因になると思います。いろいろなところに悪影響を及ぼします。

鈴木コーチ　ポイントをまとめると、身長に関して親が考えなければいけないのは食事が何よりも大事であること、それと、寝方に気をつけなければいけないことですね。あとは、オスグッドなどの成長期の怪我については、楽観視せずに大事にケアしなければいけませんね。

星川　はい。捻挫についていうと、僕が携わっているスポーツスクールの子どもたちに「捻挫したことがある人?」と聞いたところ、9割くらいが手を挙げました。小学4、5年生でもそんなに捻挫しているんだと驚きました。捻挫って軽い怪我みたいに思われますけど、Bリーガーが一番悩んでいるのは過去の捻挫なんです。骨折は骨がくっつけば済みますけど、捻挫は足首が緩くなったりするので、そこへのケアはきちんとしてあげなければいけません。話はそれるんですけど、東京都のバスケットボール協会で医科学部会をつくろうとしています。というのも、話をいろいろ聞いたところ、子どもたちが怪我をした際に「どこに行けばいいかわからない」という問題があることがわかったんです。接骨院に行くのがいいのか、それとも病院なのかという話です。新潟県バスケットボール協会が「バスケ手帳」を出したんですけど、これはとてもよくできていて、「この怪我をしたときはこうしよう」、「ここの病院に行こう」と書いてあります。怪我で困っている子どもたちを助ける、そういうシステムをつくりたいなと思っています。

父親　親としても、そういった情報がわかるといいですね。以前、僕が近所の接骨院に行ったら、中学生がいっぱい来ていました。

星川　そこにも問題があります。中学生の場合、だいたいが6時半には完全下校になっているんですけど、どこかが痛いと、晩ご飯も食べずに接骨院などに行きます。悪いことではないんですけど、待ち時間が長いと、家に帰るのが夜の10時くらいになるケースがあるようです。そうなると、そこからご飯を食べて課題をやったら、寝るのが遅くなります。怪我が原因で睡眠不足になる子が結構いるんです。怪我予防が成長にもつながる可能性があるので、そこについては顧問の先生や保護者の方々にしっかり考えてほしいと思います。

第１章の習慣（まとめ）

1 トレーニングをやっても
筋肉を柔らかくしておけば、
身長は伸びる

2 オスグッドは単なる成長痛ではない。
将来のために休む

3 バッシュ選びがシーバー病の
一番大きな要因になる

4 捻挫をしたら病院に行き、
骨が折れていないかどうかを確認する

5 大事な睡眠のために、
寝る１時間半前くらいにお風呂に浸かる

6 目指す方向性の選択肢を与えるために、
早熟か晩熟かを知る

7 食事の量はあまり気にしない。
バランスよく食べる

第2章

怪我をしたら、どうすればいいですか？

女子日本代表のアスレティックトレーナーに聞く

子どもの成長のメカニズムに触れた帰り道にふと思ったことがある。やっぱり怪我はこわいなと。僕自身は大きな怪我をしたことがない。頻繁に捻挫していたくらいだ。その捻挫が実はこわいのだと、星川さんの言葉で知ったのだが、そう聞くと、すべての怪我がいままで以上にこわくなってきた。自分のことではない。子どもたちが怪我でスポーツを楽しめなくなるかもしれないと思うと、心配になってくる。

「鈴木コーチ、成長メカニズムについては何となくわかったんですけど、怪我したときにはどう対処したらいいんでしょうか？　病院に行けばいいっていうのはもちろんわかるんですけど、その前後、怪我した直後や病院での診察後については知識がありません。星川さんのような専門のトレーナーさんがいたら安心できますけど、ほとんどのチームにはそんな人はいないわけでしょう。どうしたものでしょうか？」

　高度な専門知識はなくても、最低限の知識を僕たち保護者が持っていたら、もしかすると、怪我した子どもたちのその後が変わってくるかもしれない。

　数日後、鈴木コーチからＬＩＮＥが届いた。女子バスケットボール日本代表でトレーナーを務める岩松真理恵さんを紹介してくれるという。世界でもトップクラスのチームを見るトレーナーか。娘を持つ親として聞きたいこともある。

　僕たち２人は待ち合わせて、岩松さんに会いに行った。

アイシングには注意が必要

鈴木コーチ　岩松さん、こんにちは。岩松さんはいわゆるA代表（女子バスケット日本代表）のほかに、アンダーカテゴリー（育成年代）の日本代表にも携わっていますよね。そういう子どもたちが所属するチームにはトレーナーがいるのかもしれませんけど、そうではない子どもたち、いわゆる一般の子どもたちがバスケットで怪我をして帰ってきたときに親が知っておくといいこと、つまり、これができるといいですよという情報を教えていただきたいと思います。

岩松　こんにちは、岩松です。よろしくお願いします。逆にお聞きしたいんですけど、お子さんがバスケットで怪我をした、例えば、捻挫をしたと聞いたら、おとうさんはまずは何をしたらいいと思いますか？

父親　アイシングかな。怪我をしたら冷やしましょうというのが一般的かなと思います。

岩松　そうですよね。アイシングがまずは頭に浮かぶでしょう。ところで、「R I C

E（ライス）」という言葉を聞いたことがありますか？

父親　あります、あります。えっと、何でしたっけ？　聞いたことはあるけど、最近使わない言葉なので、ちょっと浮かんできません（苦笑）。

岩松　RICEというのは「Rest（安静）」、「Icing（冷却）」、「Compression（圧迫）」、「Elevation（挙上）」のことです。ただ、このRICEはその後の情報がなかなか更新されないまま、ひとり歩きしている印象があります。いまはそこに「Protection（保護）」の「P」が加わって「PRICE（プライス）」、あるいは「Rest」がなくなり、「最も適した負荷をかけること」という意味の「Optimal Loading（オプティマル・ローディング）」が加わって「POLICE（ポリス）」といったりします。RICEからPRICE、さらにはPOLICEと新しくなっているんです。どうしてプロテクションが入ったかというと、怪我したときに患部を保護しないと悪化してしまう可能性があるからです。例えば、手首を怪我したときにぶらぶらさせていると、傷めた部位がより悪化するだけでなく、腫れが広がったり、ほかの筋肉や靭帯といった周りの組織まで傷めてしまうおそれがあります。ですから、まずは保護しましょうというのが「P」が加わった理由です。これは何となくわかると思います。もうひとつのオプティマル・ローディング、つまり、最適な負荷をかけることは、プロテクションに関連します。長期間、保護したまま放置しすぎると、血流が悪くなってしまうんです。基本的に治癒を促進するのは血液です。血液には酸素だけでなく、壊れた組織を修復するのに必要なさまざまな栄養素が含まれているので、新鮮な血流をできるだけ送ったほうが組織は早く治るとされています。保護した状態でそのままにしていると、血液循環が悪くなってしまうので、「PRICE」といったり、あるいは「R」をとって「OとL」を加えた「POLICE」に変わったりしています。

父親　ちょっと待ってください。コンプレッションって、怪我した個所の近辺に血がたまらないようにするイメージがあるんですけど、血は流さなければいけないってどういうことですか？　例えば、怪我をして帰ってきたら、血行がよくなるからお風呂には入らないほうがいいっていうのも聞いたことがあります。一体、どう整理すればいいんでしょうか？

岩松　まさにそこが本当に難しいところで、最近は「アイシングをすると、かえって怪我の治りが遅くなる」という研究も出てきています。アイシングすることで血流量が阻害されるというわけです。炎症は、組織を修復するためには人間の体にとって必要な反応なのに、アイシングは炎症を抑えすぎてしまいます。だから、最終的には組織の修復が遅くなるという研究が出ているんです。それでも、場合によってはアイシングが必要だとする研究もあります。私たちのような専門のトレーナーは、アイシングをするべきなのか、するべきではないのかを患部の状態や経験をもとに判断していて、「これはアイシングしておこう」と思ったり、「この状態だったら圧迫だけでいい」と考えたりします。怪我した部位を観察しながら、状況によってその都度、判断します。ですから、「絶対にこれが正しい」とはいいにくいんです。ただ、「アイシングだけをやっても治るわけではありません」ということはお伝えしたい点です。

父親　知りませんでした。怪我をしたら、まずはアイシングだと思っていました。

岩松　もちろん、アイシングがダメだといっているわけではありません。アイシングには痛みを軽減したり、腫れを抑えたりする効果があります。腫れないようにする理由は、腫れると関節が動きにくくなったり、腫れることによって余計な損傷が起こったり、神経が圧迫されて痛みが強くなったりするからです。でも、腫れないようにした結果、そこで血液が固まってしまったらダメなんです。新鮮な血液を入れ続けなければならないので、治癒に必要な血液を入れて、老廃物となるものを排出し続けることが大事かなと思います。そうすると、さきほど話したオプティマル・ローディングと呼ばれる「最適な負荷」が重要になります。これが最も効果的な方法なんです。例えば、足首を固定すると一歩も動かない状態になりますよね。でも、腫れは重力の影

応急処置の約束

RICE	PRICE	POLICE

- **P**rotection …… 患部の保護
- **O**ptimal …… 最適な負荷で
- **L**oading …… 血流を動かすこと
- **I**cing …… 患部の冷却
- **C**ompression …… 患部の圧迫
- **E**levation …… 心臓よりも高い位置への患部の挙上
- **R**est …… 患部を動かさずに安静にすること

アイシングは患部を見て
必要な処置を組み合わせる。
オプティマル・ローディングは痛みのない範囲で行う。
翌日に痛みや腫れが悪化するようであれば要注意。

響を受けて足の指先のほうにたまっていきます。基本的には、血管自体が血液を運んでいるというよりは、周りの筋肉が収縮することで、血液が循環するのを助けているんです。安静にして筋肉を動かさなければ、血流は動かないですし、当然、腫れは一向に引きません。ですから、痛くない範囲で患部を動かすことによって、患部周辺の筋収縮を起こして血流を動かし、重力によってたまってしまっている腫れを運ぶんです。もちろん、すごく痛いときはアイシングが必要です。でも、痛みがあまりないのなら、それほど頻繁にやる必要はないのではないかというのが私の個人的な意見。ですから、怪我したあとにどうすればいいのかと聞かれれば、すごく痛いんだったら痛みを抑えるためにアイシングしてもいいですけど、やりすぎないように注意して下さいとアドバイスします。リハビリをやったあとに熱がこもったり、ちょっと痛かったりするのであれば、10分か15分、長くて20分くらいアイシングするのは必要だと思います。でも、新鮮な血液を入れるため、腫れを引かせるためには、必要以上にやることはないと思います。つまり、やりすぎはよくないってことです。むしろ、修復を阻害してしまうので、保護者のみなさんにはアイシングには注意が必要だってことをぜひ知ってもらいたいです。

自己判断せずにまずは診てもらう

鈴木コーチ　親御さんの中には、湿布を貼っておけば治るでしょうという考えを持つ方がいます。

岩松　私たちも湿布を使うときがありますし、効く場合ももちろんあります。アイシングと同じように、目的をはっきりさせて使用しています。。ただ、少しいいにくいんですけど、湿布を貼ればどんな怪我でも治るわけではありません。

父親　湿布って炎症を抑えるものですよね。

岩松　はい。炎症を抑える成分が入っているとのことですけど、皮膚感覚に働きかけるのはアイシングも一緒です。皮膚に当てることで、皮膚の上にある受容器に働きかけて痛みを軽減するというイメージです。鎮痛や消炎の効果は期待できますけど、組織を治しているわけではないと思います。また、最近は鎮痛消炎成分が多い湿布が出ています。それは飲み薬と同じくらいの鎮痛消炎効果があるからで、使ったことがあります。実際、選手は翌日の痛みの感じ方が違うといいます。ただ、あくまでも痛みが引いただけで怪我が治ったとはいいきれません。注意すべきは、湿布を貼ることで痛みが軽減し、それで無理をしてしまう可能性がある点。そして、さきほど話したように、組織の治癒には炎症が必要な過程であるにも関わらず、湿布でむやみに炎症を抑えてしまうと、長期的には組織の修復を阻害する可能性があることです。

父親　我々保護者が判断するのは難しいので、基本としてはお医者さんや専門の方に診てもらうことが大事なんでしょうね。

岩松　私たちの立場からすると、最初に医師や専門家に診てもらい、指示を仰いだ上で、そのサポートを親御さんにやってほしいという考えです。やはり、自己判断は危ないです。怪我がひどくなってから私たちのところに来たら、何でもっと早く来てくれなかったのって思います。

父親　そういうケースが多いんですか？

岩松　そうですね。私たちのほうが優秀というわけではないんですけど、コーチや親御さんに比べると、間違いなくいろいろな怪我をたくさん見てきていますし、コーチや親御さんの考えは私のとは違うなって思うことがあります。私たちでも、簡単には判断できずにちょっと悩むなと思ったら、整形外科に診断をお願いすることがあります。画像診断の結果、疲労骨折していたという事例もあります。日本には、「まだできるから大丈夫」とか「我慢することが美徳」といったような文化があるじゃないですか。でも、適切な診断を受けずにただ頑張るというのは、いかがなものかなと思います。

父親 子どもが練習で怪我をして帰ってきたけど、夜だったら病院には行けません。まずはアイシングを15分くらいやって、RICEかPRICEかPOLICEかの基本的な処置を施した上で、翌日に病院に行くという対応でいいんでしょうか？

岩松 はい、翌日に改めて病院に行くということでいいと思います。よほどの緊急性がない限り、それほど慌てて病院に行かなければいけない事態は整形外科ではあまりありません。緊急性があるかどうか判断に迷う場合は、地方自治体によっては「救急安心センター事業（#7119）」に電話で相談することができるので、確認してみるといいと思います。大したことが本当になければ、1日で何ともなくなると思います。でも、歩くと痛い、怪我したほうの足に体重が乗らないというのであれば、できる限り早めに病院に連れて行く必要があると思います。痛みは人間の動きに大きな影響を与えます。右足が痛かったら左足に体重を乗せ始めますし、その状態でスポーツをやると、右足の怪我が悪化したり、ほかの部位の怪我の原因になったりするでしょう。このように、どこかを痛めたときにその痛みを出さないようにほかの部位でバランスをとろうとすることを「代償運動」といいます。代償運動は怪我の結果であり、原因にもなります。痛みがなくなっても、専門家の指示を仰いでリハビリを行い、代償運動をすることなく、きちんとした体の状態を保つことが怪我をしない体につながります。

整形外科か、それとも接骨院か？

父親　早い段階で病院に行って診てもらいましょうとなった場合、基本的には近くにある整形外科に行けばいいんでしょうか？

岩松　整形外科でいいと思います。いまはインターネットがあるので、スポーツ協会の認定ドクター、あるいはスポーツチームでのドクター経験や帯同経験があるといったドクターがいたら、そうした整形外科に行くのがいいでしょう。小さい病院だと、画像診断ができない場合があります。近所だけでなく、多少離れていても、スポーツ傷害に関して経験のある整形外科がないかどうかを調べるのが、保護者のみなさんにとって必要なことだと思います。

父親　私も地方都市出身ですが、すぐに思い浮かぶ病院は少ないです。調べればあったのかもしれません。

岩松　それと、日本で意外とやらないのが「セカンドオピニオン」をとりに行くことです。ひとりのお医者さんがいったことが絶対というか、その先生に悪いと思って、別の先生のところに行く選択肢を持たない患者さんが多いんです。私が留学したアメリカの場合はセカンドオピニオンを聞きに行くのが一般的。一度診てもらって、その先生のいうことが腑に落ちないとか、怪我の原因をわかりやすく説明してくれないとかだったら、ほかの病院に行ってみるのは悪いことではないと思います。原因をはっきり説明せずに、痛み止めだけを処方して「2、3日様子を見てください」といわれたら、正直、不安になります。きちんと診断してくれるのが前提で、自分が感じている症状と診断された怪我の症状とがまったく違ったり、思うように回復しなかったりする場合には、セカンドオピニオンとして、別の整形外科、別の先生のところに行くことが選択肢として必要だと思います。

父親　セカンドオピニオンですか。ニュースでは聞きますが、大きな病気とかのときだけかと思っていました。

岩松　同じ整形外科でもドクターによって専門分野があるので、例えば、手首や脊柱を専門としているドクターに膝や足首の怪我を診察してもらうのは賢明ではないかもしれません。
病院によっては、最初から専門のドクターを紹介してくれるケースもあります。ですから、セカンドオピニオンがあることを前提にしましょう。最初の先生の説明で納得して、きちんと治っていくのが、もちろん一番いいんですけど、体は一生もので、育成期の怪我が将来の大きな怪我につながる可能性があるので、多少の手間や費用がかかっても、しっかりと診断してもらうことが大切です。

父親　私の家の近くに、いわゆる町の接骨院があって、中学生が部活帰りに結構多く来ています。そういうのって、岩松さんはどう考えますか？

岩松　最近は治療院の数が多くなってきました。何といっても、みなさんマッサージが好きですから（笑）。整形外科と治療院をバランスよく利用することが大事だと思います。病院と提携している治療院もあります。いろいろな怪我を見ているベテランの治療院の先生の中には、私が想像もしていなかった原因を特定して、それを治療できるすごい方々が、たくさんいます。すごいなと思う先生に共通しているのは、例えば、足首が痛いといわれたときに足首だけを治療しないこと。つまり、さきほど話した代償運動を含め、全体を見て包括的に評価するんです。ここが痛くなった原因は実はこういうところにあるんだよねといって、体全体のバランスを見てくれます。そういう治療院であれば、痛みの対応だけでなく、傷害予防にもなりますし、行くのは良い選択肢だと思います。地域によっては整形外科に毎日通えないことがあるので、適切な診断をもらった上で、治療院で観察しながらのリハビリを行って、整形外科で定期的に経過を見るというのもいいんじゃないかと思います。ただし、「復帰してもいい」、「まだ復帰しちゃいけない」という判断をするのは、リハビリの進捗を理解した上で、ドクターが行うべきです。怪我からの復帰には両方をうまく利用するのが必要なことだと思います。

父親　診断のときは親も行って診断名を聞くとか、そのあたりまでは親が介入したほうがいいんでしょうか？　最近はひとりで整形外科に来ている子も見かけます。

岩松　それは絶対に介入したほうがいいと思います。子どもを信じないわけじゃないですけど、多くの子どもって痛くてもやりたいと思ってしまうので、親には自分の都合のいい情報しか伝えなかったりします。膝が痛くて2カ月休んでいた子が「ドクターにもうやっていいと許可をもらったので、合宿に参加します」といってきたことがありました。2カ月も休んでいた子に対して、いきなり「すべての練習をやっていい」なんてドクターがいうかなと思ったので、「本当にそんなことといった？　ちょっと動いていいよくらいでしょ?」って聞いたら、やっぱりそうでした。話すうちに、「ジャンプはまだダメ」っていわれたことがわかりました（笑）。私たちは、どうやって復帰するかのプロセスを知っているからおかしいと気づけましたけど、一般の親御さんではわからないと思います。ですから、最初の診断を受けるときに一緒に行くのはもちろんのこと、基本として、診察には定期的に一緒に行くべきだと思います。今後の方針がわかりますしね。

父親　怪我をしてでも試合に出たい、もしくは指導者が出したいって思うことがありますよね。

岩松　はい。私が知っている中にも、試合直前に怪我したときに、鎮痛剤を飲んで、テーピングをぐるぐる巻いて出場した選手がいました。大事な試合であればあるほど、選手は無理をしてでも出たいと思いますし、指導者や保護者、そして治療家さんも選手の意思を尊重したいと思う場合があるでしょう。反対に、選手自身はもうできないと思っていても、周りの雰囲気がそういわせてくれないこともあるかもしれません。大切なのは、怪我の状態をしっかり見極めること。選手本人の長期的な成長を考えた上で、無理をしてもいいような怪我なのか、無理をする必要がある試合なのか、それを選手、保護者、指導者、そして治療家さん、もしくはドクターが話し合い、みんなが納得して判断することです。でも、選手が痛みを訴えているにも関わらず、整形外科での適切な診断を受けずに、選手に無理をさせてしまう指導者がごく一部いるのは残念ながら事実です。

いろいろな動きを身につける

父親　怪我をしない体にするにはどんなケアが必要でしょうか？

岩松　日本バスケットボール協会スポーツパフォーマンス部会の部会長である佐藤晃一さんをはじめとする、日本代表に関わっているトレーナーチームで話しているのは、「動きのバリエーションを増やす」ことです。いまは幼い時期の外遊びが減少していて、体を動かすバリエーションを持つ機会が減っています。例えば、和式トイレがなくなったことでしゃがめなくなった子どもがいたり、片足立ちができない子どもが増えたりといったことを聞きます。「ロコモティブシンドローム」といわれる、運動器の機能が落ちていく現象があります。それって、もともとは高齢者によく見られる症候群でした。最近は子どももなるといわれています。人って便利になると楽をしたがるものです。昔は地べたに座っていたけど、いまは椅子に座るので、しゃがんだり立ったりする動きが少なくなりました。昔の人に比べて足腰を使う機会が減ったわけです。エレベーターや車もそうです。体のさまざまな機能を使う機会が減っているんです。それによって、動きのバリエーションがちょっとずつ少なくなりました。そうなると限られた動きしかできないので、慣れない動きをバスケットで急にやると、怪我をしてしまいます。ですから、基本的にはバリエーションをできるだけいっぱい持っておいて、いろいろな動きに対応できる体にすることを最優先にしようと話しています。

鈴木コーチ　ひとつのスポーツに特化するのではなく、いろいろなスポーツに触れ合うことでいろいろな動きを身につけようという考えに通じます。

岩松　そうです。スポーツそのものは早く始めて、ひとつの競技に特化するのは遅らせましょう。あまり早く特化すると、バリエーション豊富な動きがやはりできにくくなります。スポーツにシーズンがあり、ひとりの選手が年間で複数のスポーツを行うことができるアメリカでも、近年は早期特化する選手が増えて、そういった選手のほうが怪我が多いということがわかってきています。実際にNBA選手を対象にした調査では、高校で早期特化せずに複数のスポーツをやっていた選手のほうが怪我が少なく、出場時間が長いという研究があります。でも、日本の場合は同じスポーツを一年中やっていて、競技特化が早いんです。同じ動きになりやすいわけです。小さい頃から同じ動きをやり続けると、その動きに沿った関節をそれだけたくさん使うので、どうしてもそこが傷んじゃいます。ですから、バリエーションをたくさん持っておきましょうと。例えば、しゃがむという動作ひとつをとっても、股関節から曲がるのか、膝をちょっと前に出して曲がるのか、体全体を縮めて曲がるのかで違ってきます。しゃがみ方ってひとつじゃないんです。何パターンかあるんです。でも、普段の競技中にひとつのパターンしかやらなければ、そのパターンにかかる関節の負荷がすごく重くなります。その分、怪我のリスクが高まります。基本的にはいろいろな動きをして、関節にかかる負荷を分散させましょう。一般的に、バスケットは早く始めて、遅く特化したほうがいいスポーツだといわれていますが、「バスケットをやっちゃダメ」とはいえません。バスケットの中でいろいろな動きをとり入れましょうというのが、我々トレーナーとしてのひとつのテーマです。私ももちろんその点を意識しながら指導しています。ウォームアップのときにバスケットに全然関係ないような動き、普通の人が見たらバスケットに関係ないじゃんと思うような動きをやったりします。特に、育成期ではそういう動きが意外と大事だったりするんです。動きのバリエーションを増やしたら、その動きが雑にならないように質を高め、負荷についても徐々にかけていきます。つまり、質の高い動きができる体をコントロールする能力が必要になります。

鈴木コーチ　これから子どもにスポーツを何かさせようかなと考えている親にとっても、こういう情報は価値があります。

ストレッチを正しくやるのは難しい

父親　浅はかな知識で、怪我をしないためにはお風呂上がりにストレッチをしようと考えているんですけど、それってどうなんでしょうか？

岩松　ストレッチを正しくやるのって、実は意外と難しいんです。ストレッチを行う際には、いくつか気をつけるべきことがあって、例えば、オスグッドだったら太もも前のストレッチをやりなさいといわれます。実際に取り組んでいる子もいますけど、よく見ると、ほとんどの子がおなかのストレッチになっています。腰を反って引っ張るから、太もも前じゃなくて、おなかを伸ばしていることになるんです。本来であれば、腰を反らさずに、太もも前を伸ばさなくてはいけないのに、膝を曲げるために腰を反らすので、おなかの前が伸ばされています。ちなみに、これも代償運動の一例です。太もも前のストレッチひとつにしても、正しくやるのはそれほど難しいんです。細かいところまできっちり指導できる方がいるのであれば、ストレッチでも効果はもちろんあると思います。でも、成長期の子どもに対するのストレッチ指導については、注意が必要です。骨と筋肉は基本的に同じタイミングで伸びるわけじゃありません。オスグッドや成長痛が起きるのって、「成長スパート」といって、男子だと1年で13センチくらい、女子だと10センチくらい伸びる時期なんです。その際、骨の伸びに対して、筋の伸びが追いつかなくなるので、筋が骨に対して一時的に硬くなります。ただでさえ骨が筋に引っ張られちゃうのに、筋が硬くなってさらにそこに負荷がかかったら、痛くなりやすいんです。ストレッチをしましょうといってはいるんですけど、そんなこともあって、痛いのに無理にストレッチをやると、さらに痛くなっちゃうし、難しいところです。最近だと、短い筒状で表面に凹凸のある「フォームローラー」という器具が市販されています。あれも正しい使い方や正しい時間でやらないと、健康な組織をかえって傷めてしまう可能性があるんですけど、ストレッチをやると痛みが出るのであれば、こういった器具を適切に使用するのもいいかと思います。器具を用いる以外にも、例えば、足の裏だったら硬式のテニスボールを踏むのでもいいんです。実際、日本代表でもクールダウンのときにやっています。だいたい30秒とか60秒くらいでしょうか。何事も適度に。やりすぎはよくありません。話を戻すと、痛みなどがないのであれば、お風呂上がりにストレッチをやるのはいいことだと思います。リラックス効果もありますしね。

鈴木コーチ　その前段階のことですけど、保護者からよく聞かれるのが、疲れは湯に浸かったほうがとれるのかという点です。

岩松　そういわれるのは湯に浸かって体が温まると血流が上がるからではないでしょうか。シャワーよりは湯船のほうが温まると思いますけど、あまり入りすぎるのはよくありません。それはそれで疲れちゃうので。しっかり温まって、そのあとに水分をとり、汗をまた出して水分をとると、新陳代謝が起こります。すると、それだけ血流がよくなって疲労回復につながるということはあります。血流は心臓に一度戻って新しい酸素をとり入れて循環するわけです。でも、シャワーだと立っているから、足先などの下のほうに滞った血流が重力に逆らって心臓に戻るのは大変です。お風呂に入ると座るので、足が多少なりとも上がって心臓に近くなる分だけ、足周りの疲労がとれやすくなるんじゃないかなと個人的には思います。また、温水と冷水に交互に浸かる交代浴のほうが疲労回復効果があるという選手もいます。個人差があるので、時間や温度を含めて、いろいろ試した上で、自分に合った方法を見つけるといいでしょう。

フォームローラー。正しい使い方や正しい時間でやらないと、
健康な組織を傷めてしまう可能性がある

クールダウンに対する意識を高める

父親　ストレッチに関連するんですけど、クールダウンについても教えてください。最近、クールダウンの大切さをよく耳にします。クールダウンは必要なのでしょうか？

岩松　疲労回復のために必要です。運動後は興奮状態（交感神経が優位な状態）になっているので、クールダウンを通じてリラックス（副交感神経が優位な状態）することによって、疲労回復を促せます。それと、パワーを発揮したあとの筋肉は縮んでいる状態が多いので、運動強度が高くなったり、運動後は特にオスグッドが痛くなったりするんです。体が温まっている状態で筋肉の柔軟性をできる限り運動前の状態まで戻しておくと、筋肉の張りの改善や疲労回復を促して、よりよい状態で翌日の練習を行うことができます。クールダウンはそのために必要なんです。

父親　とはいえ、ウォーミングアップほど大切にはされていない気がします。例えば、子どもがクールダウンをしないで帰ってきたときは、帰宅後でもやったほうがいいのでしょうか？　それともう遅いのでしょうか？

岩松　時間が空いたとしても、やったほうがいいと思います。ストレッチで体を柔らかくしたい場合は運動後のほうが効果的です。筋肉が温まっているときに動かしたほうが伸びやすいからです。運動直後にやったほうが比較的効果があると思います。ただ、疲労回復を促す目的であれば、家に帰ってからやっても効果はあると思います。

父親　岩松さんはいろいろな選手たちと接するかと思います。クールダウンが足りていないと感じることはありますか？

岩松　ありますね。ただし、「きょうはここの部分を使ったな」と確認しながら高い意識でやっているような選手や指導者は、育成年代に限らず、稀じゃないでしょうか。年齢が上がると自分の体に敏感になってきますけど、ケアのときに「いつもよりも腰が張っている」とフィードバックしてくれると、こちらとしては治療しやすいんです。ただ、全体としてはクールダウンに対する意識はそれほど高くないと思います。

父親　トレーナーの立場としてはしっかりやってほしいということですね。

岩松　自分の体に向き合ってほしいと思います。最初は教育することが大事かなと感じます。なぜ、クールダウンをやるのかを教えた上で、可能であれば評価してあげます。例えば、練習前はこれだけ前屈できたけど、練習直後にやったらこれだけ硬くなっていたので、クールダウンをしてもとの状態に戻そうといった指標があるとわかりやすいです。現実問題として全員にやることはなかなかできないので、家庭でやってくれるとありがたいと思います。

保護者にしかできないことがある

父親　体のケア以外の食事や睡眠などのところで、保護者が子どもの怪我後に関われることはありますか？

岩松　食事、栄養、睡眠の部分は、怪我をしたときに限らないんですけど、やはり、保護者にしかできないところだと思います。特に子どもの時期の食事や栄養については、指導者やトレーナーが介入しにくい部分です。血流が増えれば治るといいましたけど、血流に栄養素が乗っていないと意味がないので、気をつけてください。血液が全身に栄養素を運ぶイメージです。いまはいろいろな栄養学があって、はやりもあります。某プロ選手がやって体の動きがよくなったと聞けば、それがはやりますし、それが絶対にダメだとはいいません。私たちとしても、減量するにはこうすればいいといったアドバイスをすることはもちろんあります。ただ、子どもの場合は一般的にいわれている栄養学の基本に則るべきだと思います。基本があって応用の栄養学があるわけですから。基本的には主食があり、主菜、副菜、乳製品、果物をとらなければいけないと思います。

父親 栄養の摂取は回復にすごく影響するというわけですね。怪我の回復には睡眠時間も関係ありますか？

岩松 関係あると思います。理想的な睡眠時間は人によって違うとされますが、一般的には8時間くらいといわれています。一方で、睡眠時間が6時間を下回ると疲労関連の怪我が増加するとの報告があります。睡眠の主な効果は心身の疲労を回復させることです。睡眠中に多く分泌される成長ホルモンが、組織の修復や回復を促します。そのため、睡眠が不足すると組織の回復が追いつかなくなり、疲労関連の怪我が増えると考えられます。それと、成長ホルモンは子どもの骨、筋、臓器などの発育を促すため、成長期の睡眠は非常に重要だといえます。

保護者のサポートがより重要になる部分

1　食事

主食、主菜、副菜、乳製品、
果物をバランスよくとる

2　栄養

はやりの栄養学にこだわらず、
基本に則る

3　睡眠

人によって異なるが、
十分な睡眠をとる
（一般的には８時間程度）

ウェイトトレーニングとテーピング

父親　器具を使ったウェイトトレーニングを成長期にやるのはよくないといわれます。トレーナーの立場としてはどのように考えますか？

岩松　古い研究がそういう常識を生んだということが最近になってわかってきました。例えば、１９７０年代の日本の炭鉱などをクローズアップして、「重いものを運ぶ人たちは低身長のケースが多かった。だから、ウェイトトレーニングはダメ」とする報告がありました。でも、その時代は栄養不足などのほかにもいろいろな要因があったので、その研究が正しいとは一概にはいえないんです。実際に、アメリカのストレングスコンディショニング協会などのスポーツ関係団体が「ウェイトトレーニングは成長を阻害する要因にはならない」と指摘しています。計画と監督が適切になされたレジスタンストレーニングプログラムは青少年にとって比較的安全であるとされていますし、やること自体は悪くないと思います。ただ、さきほどの成長期の話に戻ると、どこに重点を置くかが重要になります。骨がめちゃめちゃ伸びている時期に必要以上の負荷をかけると、筋肉の長さが追いついていない状態で筋肉が硬くなってしまうので、オスグッドがひどくなります。その時期にやることとしては、バランス能力を高めるトレーニングや柔軟性の向上のほうがむしろ重要です。全米ストレングスコンディショニング協会が、この時期はこういうトレーニングをやったほうがいいというモデルを発表しています。

父親　そこまで細かく研究されているんですね。

岩松　トレーニングというと、多くの人はウェイトトレーニングをイメージしがちです。でも、バランスもトレーニングですし、コーディネーションもトレーニング。いろいろなことをやる期間が必要なんです。ウェイトトレーニングだけをやるというのは違うと思います。だからといって、頑なに「やってはいけないもの」とする必要はないと思います。適切に計画されていることが大前提ですけど、身長が伸びきって成長痛もない子には負荷をかけていってもいいと思うんです。個人差はありますけどね。逆に、身長の伸び盛りの時期で関節が痛いという子に対して、ウェイトトレーニングを無理にやらせるのは違うと思います。そういう時期って、体のバランス能力やコーディネーション能力みたいなものが一時的に下がるんです。手足が長くなったら、それだけコントロールするのが難しくなります。長くなった手足をコントロールするためには筋量や体幹の安定性がその分だけ必要になります。でも、一気に伸びるので、そういう能力が一時的に低下しちゃうんです。痛いんだったら、競技をやらせるよりも、そういったバランス能力やコーディネーション能力を鍛えることに重点を置いたほうが怪我をしにくい体になるんじゃないかなと思います。

父親 怪我の話を先にすると、テーピングは親や子ども自身も覚えておいたほうがいいんでしょうか？

岩松 覚えないよりは覚えたほうがいいと思います。ただし、注意点があります。市販のテーピングにはパッケージにすごくわかりやすい説明が書いてあるんですけど、巻き方は捻挫の程度などによって違うので、決めつけないでほしいと思います。例えば、軽い捻挫なのにガチガチに巻くのは違います。ですから、専門家の先生に定期的に診てもらって、いまはこの巻き方でといわれたら、親がそれを覚えてあげるといいんじゃないかなと思います。人がやるほうがやっぱりきれいに巻けますから。女子は器用なので、自分で巻けます。でも、男子の場合は体が硬いこともあってか、自分で足首にうまく巻くのはなかなか難しいみたいです。親がやってくれる子がいると聞いたことがあります。ただし、巻き方は重症度やどの靭帯を損傷しているかによって違うので、覚えたものが絶対だとは思わないでください。「何でこの巻き方をしているの？」って聞くと、「前にやったときがこれだったから」って子どもたちは答えます。巻き方がどうしてもわからなかったら、市販のサポーターを使ってみてもいいと思います。テーピングはコストパフォーマンスがあまりよくないので、自分に合うのであれば、サポーターでもいいと思います。

父親　サポーターでもいいんですね。

岩松　はい。立命館大学の研究では、足首を捻挫したあとに少なくとも半年間はテーピングをするかサポーターをつけるかすると、再受傷のリスクが低いという結果が出ています。でも、テーピングは値段が結構高いので、半年間買い続けると、コストがかかります。ですから、チームに帯同しているトレーナーが行うのは、最初は硬めにテーピングしておいて、リハビリしながら怪我が回復してきたら軽くするやり方です。最終的にはないほうがいいわけですから。初期段階ではテーピングのほうが固定できるので、それをやり、最終的にはサポーターに移行して半年後に外すという流れがいいのかなと思います。

バンテージで患部を圧迫する

父親　チームにトレーナーがいない場合、親やコーチがカバンに常備しておくといいというものはありますか？

岩松　これまでのスポーツ現場に意外となかったのがコンプレッション、圧迫するものです。「バンテージ」と呼びますが、伸縮性があって患部を圧迫するものが売られています。でも、意外とみなさん持っていないんです。バンテージは本当に便利。それこそ捻挫が起きたときは指先からしっかり圧迫できますし、足首を捻挫したときに保護するものがない場合でも、雑誌みたいなものを足首に当てて一緒に圧迫すれば、それだけで固定具になります。三角巾の代わりに吊るすこともできるんです。ドラッグストアなどで普通に売っているはずです。伸縮性の強い包帯みたいなものなんですけど、怪我の1次処置としてよく使います。

父親　バスケットだと、誰かとぶつかって切ることがあります。そういう場合、超初歩的かもしれませんけど、絆創膏があるだけでも違いますか？

捻挫の対処方法の注意点

1 ▸ テーピングで対処

巻き方は捻挫によって違うので、専門家に定期的に診てもらい、巻き方を覚える

2 ▸ サポーターで対処

最初はテーピンクで硬めに固定する。その後、段階的にサポーターに移行するなど、応用して使う

3 ▸ バンテージで対処

固定具代わりになるものと一緒に圧迫するなど、バンテージの伸縮性を生かす

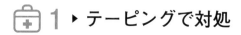

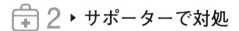

岩松　もちろんです。ただし、圧迫しないと止血ができません。たとえ絆創膏がなくても、きれいなハンカチを患部に置いてバンテージを巻けば、それで済んでしまうことがあります。スポーツしたあとの皮膚って汗で濡れているので、絆創膏がつかないんです。きれいな布を当ててバンテージを上から巻いたほうが、圧迫がうまくかかりやすいと思います。

父親　なるほど。それはできそうですね。

岩松　きれいなタオルかガーゼみたいなもの1枚と圧迫するバンテージを持っていると便利です。

月経が来ないのはラッキーではない

父親　次に、僕が今回一番知りたかったことを聞きます。僕にはふたりの娘がいてバスケットを始めて間もないのですが、スポーツと月経に関して、親が知っておかなければいけないことがあれば、教えてほしいんです。もちろん、母親は知っているかもしれませんけど、家族にはいろいろなケースがありますし、父親も知っておくべきかなと思いました。海外はどうなのかわかりませんけど、日本の男性がそういうことを聞くのはタブーというか、恥ずかしさがあるのか、あまり話題になりません。ですから、今回、思いきって聞いてみようと思っていました。

岩松　日本でも最近いわれるようになってきたのが「女性アスリートの3主徴」というものです。3つの主徴とは「利用可能エネルギーの不足」、「月経異常」、「骨密度の低下」です。この3つが密接に絡み合って弊害が起こるとされています。「食事による摂取エネルギー」から「運動によって消費されるエネルギー」を引いたときに残ったエネルギーが「日常生活に必要なエネルギー」になるわけです。新陳代謝や臓器を正常に動かすエネルギー、例えば、ご飯を食べるという動作に使うエネルギーを含めた、日常生活を送るのに必要なエネルギーをそれで賄わなければいけないんです。でも、食べる量が少なくて運動量が多いと、エネルギーを日常生活に割くことができなくなります。これが「利用可能エネルギーの不足」で、そうしたときに月経が止まることが多いんです。月経の話は避けられがちですし、月経によって体調が悪くなる子が多いために、月経が来ないほうがむしろラッキーと思う子がすごく多いんです。でも、月経が起こることによって女性ホルモンが分泌されるわけです。その中にある「エストロゲン」というホルモンが骨を強くするのに必要といわれているんですけど、月経が来ないと、エストロゲンの分泌が少なくなってしまうことを意味します。そうすると骨が弱くなって骨密度の低下が起こり、将来的に骨粗鬆症になるリスクが高くなります。これが3主徴といわれるものです。

父親　マラソン選手にそういう弊害が多いと、ニュースや新聞などで見聞きしたことがあります。

岩松　はい。マラソンやフィギュアスケートなどの体脂肪を絞らなければいけない競技の選手に多いといわれています。マラソンの増田明美さんが現役を引退したあとに骨密度を計ったら、まだ20代後半くらいだったのに60歳くらいの数値だったといいます。月経が2年半くらいなかったという事例もあります。月経が来ないことをまずいと思わない子が多いんです。特にバスケットでは高身長の子にそういうケースが多いですね。成長期には、骨や筋肉などのさまざまな組織を成長させるためにエネルギーがより必要なのに、エネルギーが足りなくて月経異常に陥りやすいわけです。その時点で食べている量が足りないと考え、食事を改善したり、食べる回数を増やしたりして、月経が定期的に来るようにしなければいけません。人間の骨量って、基本的に20歳くらいまでしか増えないんです。10代のうちに栄養素をできるだけとって、20歳くらいまでに骨の量を増やしておかなければ、あとは少なくなるだけです。いまは問題が表面化していなくても、将来的には異常が出てきてしまいます。

父親　親としても不本意です。

岩松　そうですよね。しかも、疲労骨折はそうしたところから起こるんです。骨をつくれていないのに運動量は増えて、そうなると疲労回復ができません。そして、ストレスが1カ所にかかっている人は疲労骨折になりやすいということもあります。摂取カロリーを計算するのが一番の理想かもしれませんけど、月経がちゃんと来ているかどうかを親御さんや指導者が確認することが、エネルギーと運動のバランスが保てているか否かを簡易的に見るひとつの目安として必要かなと思います。

父親　利用可能エネルギーのバランスを食事の量や内容でとることが重要なんですね。

岩松　そうです。極端なことをいうと、運動量を減らして食べる量を増やせば戻ります。月経が起きるトリガー（引き金）は脂肪細胞といわれています。脂肪が少ないと起きないんです。第2次成長期に女性の体つきになって体脂肪率が上がり、そこから女性ホルモンが刺激されて分泌される流れができます。さきほどもいいましたけど、体脂肪が極端に低い競技の選手は、月経が来なくなるんです。太りなさいというわけじゃないんですけど、ある程度のバランスで、月経が正常に起きるところまで体重を戻してあげることが必要になります。その時期は身長が伸びているので、その分だけ

女性アスリートの3主徴

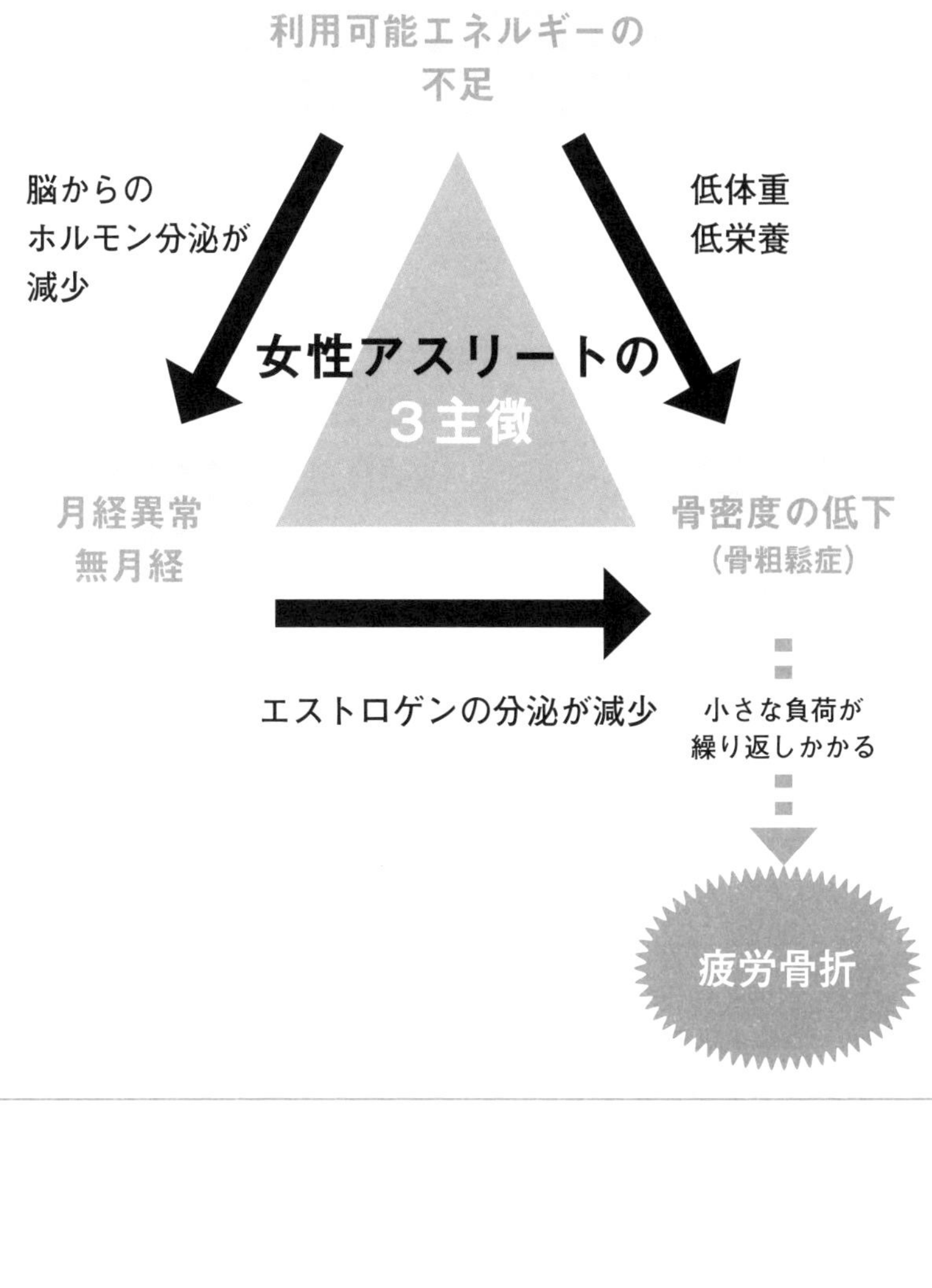

体重も一緒に増えなければいけません。

父親　月経の時期は靭帯が伸びやすいから怪我しやすいと聞いたことがあるんですけど、それは事実でしょうか?

岩松　月経中はホルモン分泌の影響で筋肉組織や靭帯などの緩みが増加するため、前十字靭帯損傷のリスクが高まるとの研究はありますけど、ほかの怪我との関係性については、はっきりしていません。月経の時期はそういう影響もあってか骨盤が緩くなったりするので、体のバランスが崩れて腰が痛くなる人は確かにいます。「女子あるある」で、腰が痛いという子に「あさってあたりに生理でしょ?」と聞くと、「そうそう」みたいな。月経の時期になると、骨盤の中にある仙腸関節やそのあたりが動いたりして靭帯の長さが多少変わることはあると思います。それと、単純に血を出して鉄分が低下しているので、内科的なところとしては、あまり激しい動きをすると貧血になることがあります。

鈴木コーチ　男性指導者としては女子選手に聞きにくいところです。

岩松　そういうことに関しては保護者の方、特におかあさんに協力してもらって、情報交換をうまくやりながら、子どもたちのコンディションをみんなで管理してあげるといいと思います。男性のコーチや先生に対して、女子のほうから「生理痛でおなかが痛いです」とはいいにくいです。それをいえるくらいの関係性を築くことが理想ですけど、どうしても難しい場合は保護者の方の協力でフォローアップするのがいいんじゃないかなと思います。

トレーニングで体幹の安定性を高める

父親　さきほどの靭帯と同じようなことですが、男性に比べて骨盤が広い影響なのか、女子は前十字靭帯を切りやすいと聞きました。

岩松　そうした研究はかなり多くて、実際に女子のほうが多いといわれています。「キューアングル」といって、骨盤と膝と足首を結ぶ線があるんですけど、そもそも女子はそのアングル（角度）が大きくて、膝が内側に入りやすいために、男子と比べて受傷しやすいといわれています。片足立ちのときに不安定性があると、片足で着地したときに重心が後方になり、その状態で外から力が加わると、前十字靭帯を損傷しやすいと考えられています。しかも、非接触の状況で起こることが多いんです。

父親　怪我をしにくいキューアングルはトレーニングによってできますか？

岩松　キューアングルは骨格によって決まっているので、キューアングル自体をトレーニングによって変えるのは、少なくとも短期的には難しいと思います。ただし、トレーニングによって怪我のリスクを減らすことはできると思います。

父親　どのようにすれば怪我のリスクを減らせるのでしょうか？

岩松　一番安全なのは両足で着地することですけど、バスケットの競技特性を考えるとそれは難しいと思います。さきほどいったように動きのバリエーションを増やすのが傷害予防のひとつになるんですけど、一般的には、片足立ちのときの体幹の安定性を高めるトレーニングが効果的だといわれています。もちろんそれだけではなく、着地や減速をきちんとコントロールできる筋力や、着地時の衝撃をうまく吸収するテクニックも大切です。前十字靭帯損傷の予防法というと、「膝が内側に入るのを防ぐ」とよくいわれますけど、忘れられがちなのは「脚力（筋力）」です。さきほど話した通り、前十字靭帯損傷は片足着地あるいは片足での減速動作の際に起こることが多いと考えられています。着地や減速のときに、その勢いを受け止めるのに十分な片足の脚力も、予防にとって非常に重要になります。そのためには、例えば、片足のスクワットを安定してしっかり行えることが必要だと思います。また、そのほかの現象としては足部からの影響を受けやすくて、アーチ（土踏まず）がつぶれている人は膝が内

キューアングル

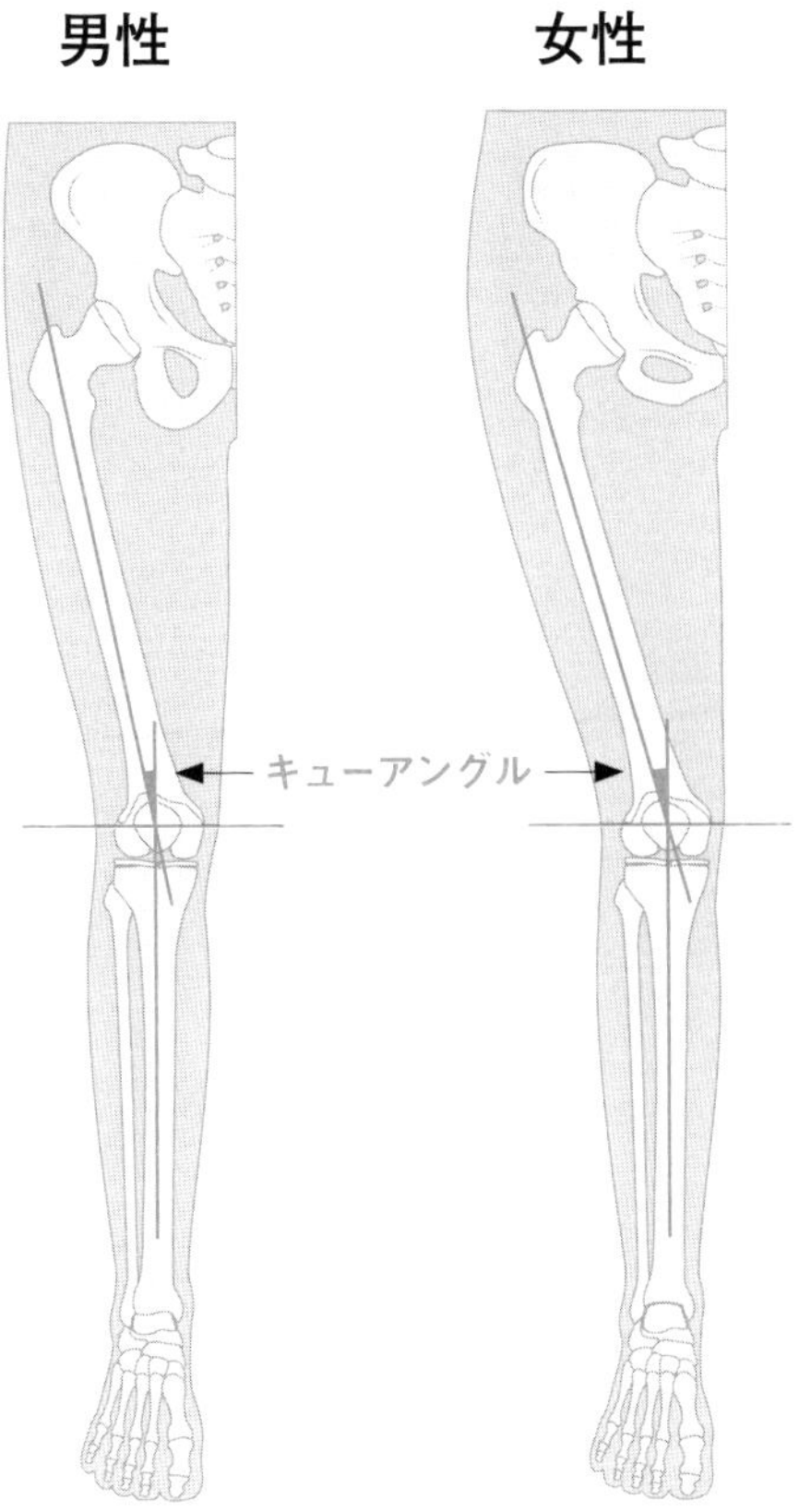

女子はキューアングルの角度が大きく、膝が内側に入りやすいために、男子と比べると受傷しやすいといわれる

側に入りやすいんです。足の裏の支持基底面というんですけど、足と地面の接地面がいかに安定しているかが大事になります。膝を内側に入れなきゃいいじゃんと思って、いわゆるガニ股みたいに膝を外に開くと、今度は足の小指側に負担がかかります。そして、それを続けると、足の指を疲労骨折しやすくなります。特にバスケットの場合は横への動きが多いので、足部の安定性がすごく大事になります。

焦らずに先のことを考えるためのサポート

父親　育成年代の子を持つ親に対するトレーナーからの要望、親だからこそ気をつけてほしいという点はありますか？

岩松　心理面のサポートでしょうか。その年代ではチームにトレーナーがいるケースは少ないでしょうし、指導者にはいえないことがあるかと思います。怪我をしたときに「痛くない」と嘘をついてでも試合に出てしまうことがあるので、辛いなら「辛い」、疲れているなら「疲れている」と正直にいえる状況、つまり「心理的安全性」の高い環境を保護者にはつくってほしいと思います。我慢しすぎたために起きる弊害は本当に多くて、怪我もそうですし、バーンアウトも子どもが正直な気持ちを伝えられないことで引き起こります。子どもって保護者や指導者の期待にどうしても応えようとするので、保護者が「頑張れ」といえば頑張っちゃうんです。焦らずに先のことを考えるためのサポートをしてあげることがすごく重要になるでしょう。それは私たちトレーナーではサポートしきれないことですし、指導者にもできない部分かなと思います。メンタルが怪我に影響するという研究が実際にあります。医者にもトレーナーにも指導者にもできないメンタルのサポートが、保護者の方が一番できるケアじゃないかなと思います。

第２章の習慣（まとめ）

8 怪我をしたら、保護するだけではなく、適度な負荷をかける

9 痛みは人間の動きに大きな影響を与える

10 セカンドオピニオンがあることを前提にする

11 怪我をしない体にするために、動きのバリエーションを増やす

12 ストレッチを正しくやるのは意外と難しい

13 クールダウンは疲労回復のために必要である

14 睡眠時間が６時間を下回ると、疲労関連の怪我が増加する

15「女性アスリートの３主徴」が密接に絡み合い、弊害が起こる

第3章

ちゃんと食べれば、いい選手になれますか？

食の専門家「スポーツ栄養士」に聞く

ふたりのトレーナー、星川さんと岩松さんはともに「食」の大切さを強調した。

子どもの成長に「食」は欠かせないと。我が家は共働きで「食べること」は夫婦そろって好きだが、細かい栄養にこだわるタイプではない。気にするのはおいしいかどうか。子どもたちの食事や栄養についてもそれほどフォーカスできていないと思う。そこも改善できると、違った道がまた開けるのだろうか？一方で、近年では「アスリートフードマイスター」というアスリートの食に関する資格があるらしい。でも、我が家を含め、保護者がそうした資格を取得するのは簡単ではなさそうだ。一生懸命働いている保護者が食や栄養についてもう少し気軽に触れることはできないものだろうか？

すると、鈴木コーチがある先生を紹介してくれた。卓球やバスケットボールの日本代表に関わった経験を持つ、高崎健康福祉大学の木村典代先生だ。「食」の専門家は我々に何を求め、どんなアドバイスを送ってくれるのだろうか。鈴木コーチと一緒に木村先生に話を聞いた。

体重と体組成を見る

父親 実は僕、栄養素の役割がよくわかっていないんです。妻は知っていると思うんですけど、そういう栄養の基本さえよくわかっていない保護者にもわかりやすい考え方はありますか？

木村 食が持つ意味に関しては大人と子どもでは明確に違う部分がありますし、運動している子どもと運動していない子どもによってもまた違う部分があります。まずは前者。子どもは成長期なので、大人とは食の役割が違うと思います。次に後者ですが、運動している子どもは運動していない子どもよりもエネルギーを獲得しなければなりません。つまり、体を動かすための栄養を多くとらなければいけません。ですから、運動している子どもの食事メニューのほうがひとつかふたつは品数が多くなるでしょう。成長期であることと体を動かすことが組み合わさるので、運動しているお子さんを持つ親御さんには食に対する関心をより強く持ってもらわないと困ります。

父親 つくる量や内容を考えたほうがいいということですね。

木村　そうはいっても、量を増やすのってすごく難しいですし、どれくらい食べさせたらいいのか、どれくらいが子どもの適量なのかを把握するのも、実はすごく難しいわけです。親が直接的に関わることの多い小中学生は体が特にダイナミックに変化する時期。ある時期ある時期によって食べる量が違うはずで、適量が余計にわかりにくいのです。食べ方だけではわかりません。ですから、親にはテクニックを持っていてほしいのです。これくらいがいいのかなと思える量の把握方法をテクニックとして持っていてもらいたいと思います。

父親　どんなテクニックでしょうか？

木村　まずは体重を見ることです。運動している子については、できれば体脂肪も一緒に見てもらいたいと考えます。体脂肪率じゃなくてもいいのですが、体組成を一緒に見てもらうと、ある程度把握できるかなと思います。

父親　体脂肪が増えていたら、食べすぎているということでしょうか？

木村　そうです。体重の増加に伴って体脂肪もガンガン増えているようなら食べすぎです。でも、体重の増加とともに脂肪分じゃないところ、「除脂肪体重」と呼んでいるのですが、そこも増えているのであれば、健全な発育発達である目安になります。運動している子については、体重だけでなく、できれば体組成のところまで見てくださいとずっといい続けていますが、なかなか浸透しません。

鈴木コーチ　体組成というのは、出てくる数字が体重計によって確か違いますよね。

木村　そうなんです。メーカーによっても違います。ただ、同じ機械を使って継続的に毎日計っていくのであれば、ほかの子と比較することはできないにしても、お子さん自身の変化としては追えるので問題ありません。

父親　最低限、体脂肪率と何を見ればいいんでしょうか？

木村　見てほしいのは、脂肪の量じゃなくて「除脂肪体重」なんです。

鈴木コーチ　それがパッと出るやつがいいんですね。ウチの体重計は出ます。

父親　ウチのは出ません。体脂肪率と筋肉量とBMIだったかな。

木村　BMIは微妙です。というのも、BMIは肥満判定にも使うのですが、筋肉量が多くても高値を示しします。筋肉量が出るといいのですが、体脂肪率が出る体重計は幅広くあります。「体重×体脂肪率」を計算すれば、脂肪量が出ます。それを体重から引けば、「除脂肪体重」がわかるわけです。除脂肪体重が増えるのは、選手としては理想ですので、その数字を見たほうが女の子は嫌がらないかもしれません。体脂肪率や体重をいわせると、特に女の子は「痩せなきゃいけない」と思ってしまうのです。「除脂肪体重は増やしたほうがいいんだよ」といっておくと、この時期の体重増加に抵抗がなくなるので、無理にダイエットしようとする選手を減らすことができると思います。

父親 逆に、食べ足りないことをチェックする方法はありますか？

木村 体重が増えないことです。体重が増えなかったら、食事が足りていないと判断していいでしょう。

父親 小中学生の時期は体重が自然に増えるはずということですね。

木村 個人差はありますが、減ることはまずありえません。ずっと維持したままとか、ちょっと減っちゃったというのは、食べ足りていないことのひとつの指標になると思います。

父親 体重って、毎日見ても大きくは変わらない気がします。1週間ごととかでチェックすればいいでしょうか？

木村 それくらいの頻度でいいと思います。ただし、同じ条件でお願いします。朝起きたあとの排尿後に計るとか、お風呂上がりに計るとか、同じ条件であればいいと思います。体重は一日の中でも変動しますから。

コンビニなどをうまく使う

鈴木コーチ　子どもを持つ親がよくやりがちな間違いはありますか？　また、以前はそう信じられていたけど、それが間違っていたというようなことはありますか？

木村　一例としてコレステロールは、摂取する量よりも体でつくる量のほうが基本的に多いのです。コレステロールのとりすぎはよくないといわれますが、食べた量が多ければ、体の中でつくる量が調整されるので、摂取量はそこまで影響しません。また、コレステロールは体の重要な成分なので、絶対に食べてはいけないという食品でもありません。逆に、これを食べていればいいという食品でもありません。考え方を柔軟にすることが大事だと思います。どんなにいいものでも食べすぎたら害ですし。

父親　食べすぎはダメということですね。

木村　どんなものであっても食べすぎはダメだと思います。信者みたいにずっと食べている人がいるじゃないですか。それだけ食べていればいいみたいな。あれでは、痩せるというよりも低栄養になります。もしも食べてはいけないものがあるとしたら、それはドーピングに抵触するようなものです。一般食品で絶対に食べてはいけないものはありません。

父親　コンビニ食品、冷凍食品、ファストフードはあまりよくないと一時期聞いたことがあります。木村先生からすると、そうしたものについても使いようによってはそれほど気にする必要はないということでしょうか？

木村　気にする必要はないとまではいいませんが、シチュエーションによると思います。周りにコンビニしかない、ファストフードしかないというときは、それをいかに上手に使ってバランスを整えるかが重要になります。そこのところを子どもに考えさせれば、自己管理能力が高くなると思います。ファストフードで問題になるのは油の量でしょう。得るエネルギーに占めている脂質の量が多いからよくないといわれるのですが、仮にランチでファストフードを食べたら、夜は野菜の量をちょっと多くしようとか、主菜で揚げ物をやめようとか、そうした調整力のほうが重要だと思います。食べないことのほうがむしろ問題です。コンビニもそうです。最近のコンビニは何でもそろうじゃないですか。惣菜も主菜も何でもそろいます。肉も魚も。それをうまく調整しながら食べる分には悪くないと思います。

父親　以前、テレビのバラエティー番組で、コンビニのご飯を食べたプロの料理人が

「うまい！」となっていました。でも、実際には保存料が入っていたりします。コンビニのご飯ってどうなんだろうかと考えてしまいます。

木村　確かにそうですよね。保存料が入っているとよくないと思う方が多いのですが、逆に、保存料が入っていなかったらどうなるのかについても考えてほしいです。すぐに傷んでしまって、数日間で食べられない状態になります。それを口にしてしまう害のほうが大きいこともあります。日本には保存料等の規制があり、健康に害があるような量は入っていないと思います。保存料等がないことによる害もあるので、保存料を危惧して絶対に食べてはいけないということではないと考えます。上手に組み合わせれば、バランスはかなり整えられます。期待した答えとは違いましたか？

父親　いえいえ、そんなことはありません。いまは共働きの家庭が多いので、親の帰りが遅いと、食事が簡単なものになったりします。それこそコンビニ食品、冷凍食品、ファストフードでもいいのかなと思って、ちょっと確認してみました。

木村　積極的に推奨するつもりはありません。コンビニで毎日買ってきて食べる惣菜と、ときどきであっても母親が心を込めて調理してくれる料理とでは、ぬくもりというか温かみが違うのではないかと思います。でも、最近の親御さんは働いているケースが多くて、子どもの送り迎えだけで精一杯になっている方が確かにたくさんいます。

そういう方に「コロッケをつくってください」、「手の込んだものをつくってください」といっても、実現の可能性は低いですよね。実現の可能性が高いものを挙げるとすれば、コンビニで買ってきたコロッケにちょっと手を加えるとか、それだけでも違うと思います。それがおふくろの味と思われてしまうと困りますけどね（笑）。

鈴木コーチ　そういう意味では、親御さんがつくる料理が理想だとしても、それに縛られて難しく考えるんじゃなくて、大変なときはコンビニに頼ってもいいということになりますか？

木村　それでいいと思います。コンビニを積極的に使うのがいいとはいいませんが、そういう日が1週間に1、2回くらいあったとしても、それではいけないとは思いません。それよりも食べさせないことのほうが問題です。コンビニの食料品は結構高いですし、家族の分を毎日買い続けられるかといったら難しいと思います。家計的に見ても、つくったほうが安いのです。

食に対する3つのポイント

1 ▸ 除脂肪体重の変化をみる

成長期の体重増加は自然なこと。体重だけではなく、除脂肪体重の増加をモニタリングすることが大切になる

2 ▸ どんなものであっても食べすぎはよくない

どんなにいい食べものでも、それだけを食べすぎると、低栄養になりかねない

3 ▸ 大変なときはコンビニなどを上手に活用する

食事抜きになりそうな大変なときは、コンビニなどの出来合いの食事を適宜活用する

お菓子を食べるのはもったいない

父親 もう少し細かい話なんですけど、子どもってお菓子やジュースが大好きですよね。お菓子やジュースについて、先生の立場ではどのように考えますか？　どこまで認めたらいいんでしょうか？

木村 栄養学的には一日に摂取するエネルギー量の1割くらいは間食といわれています。日常生活の中での楽しみや潤いとして、それくらいは許容範囲と考えられます。でも、スポーツ選手の場合はそうはいきません。多い場合、一日にとるエネルギー量は2000キロカロリーでは収まらない子がいます。中学生くらいだと3000キロカロリー、場合によっては4000キロカロリー近くを食べなくてはいけない子がいます。バスケットの子は特に大きいので、そこそこのエネルギー量が必要になると思います。私は甘いものはダメだとは全然思っていません。ただ、甘いものを食事の前に食べると、血糖値が上がって食欲がなくなるので、結果的に食事を食べられなくなるという2次的な害が大きいと思うのです。仮に練習が終わったあとに間食をとって、夕飯を食べるときにおなかが全然空いていないということであれば、間食の量がちょっと多いでしょう。

鈴木コーチ　お菓子ではなく、おにぎりなどを補食として食べるのはどうでしょうか？

木村　練習が終わって早い段階で炭水化物をとると、早く回復できるといわれています。補食のとり方や何を選ぶかが重要になるのです。

父親　それがお菓子だと、そのあとの食欲低下につながるので、コンビニでおにぎりを買って食べるほうがいいということですね。

木村　そうです。お菓子を食べている子を見ると、私はもったいないと思ってしまいます。例えば、200キロカロリーをとるにしても、お菓子では占めている成分が炭水化物と脂質になります。ほかの栄養成分はほとんどありません。でも、おにぎりであれば、鮭などの具材が中に入っていたりします。ご飯ではタンパク質もとれるので、同じエネルギー量をとるのであれば、お得感があります。スポーツ選手は得するような食べ方をしたほうがいいのではないかなと思います。

父親　お得な食べ方とはおもしろい表現ですね。

木村　だって、同じ量のエネルギーをとったとしても、その中に鉄分が多い、タンパク質が多い、ビタミンが多いという食べ方をしたほうがパフォーマンスを発揮するときに得じゃないですか。そういう得するような食べ方をアドバイスしてあげることが大事だと思います。

父親　ジュースも同じですか？

木村　ジュースの目的は水分補給とエネルギー補給だと思います。その両方がかなえられるのであれば、ジュースでもいいと思います。でも、同じエネルギー量なら、ビタミンが多く含まれているもののほうが得じゃないですか。得する飲み方です。「ジュースなんか飲んじゃダメ」というと、人は罪悪感に駆られながら飲むことになります。「こういう飲み方をしたほうが得だよね」といってあげたほうが継続ややる気につながるので、親がそういうアドバイスをするといいと思います。同じ飲料でも、清涼飲料水を飲むよりは、100％のオレンジジュースを飲んだほうが得だよねと。

鈴木コーチ　その考えでいうと、牛乳はどうなんでしょうか？　僕はおなかを下しやすいタイプなんですけど、それでも親としては飲ませるほうがいいんでしょうか？

木村　おなかを下すくらいだったら飲まないほうがいいでしょう。だって、すぐに出てしまうじゃないですか（笑）。

鈴木コーチ　保護者によっては、それでも牛乳を飲ませなければいけないと考える方が多いようです。

木村　牛乳がダメだったら、ヨーグルトがいいかもしれません。成分はほとんど変わらないので、ヨーグルト飲料を飲ませたほうが得です。下痢をすると、栄養分が吸収されずに便で出てしまうことになります。せっかく飲むなら、栄養成分を消化吸収して体にとり入れるほうがいいですよね。

補食は時間がどれくらいあるかで選ぶ

父親　栄養ドリンクはどうでしょうか？

木村　あれは嗜好飲料の範囲です。これ以上、具体的にはいえません。栄養が足りている、足りていないという判断ができないからです。あの手のドリンクを飲んでいる人はどこかで不安があるのだと思います。普段の食生活の中で何か足りないと考えている、あるいは気休め的な意味合いがある気がします。ただ、それをいいと思って飲んでいるものに対して、「飲んじゃダメ」とはいいにくいでしょう。その中にドーピングに抵触するような成分が入っているのであれば、もちろん「待った」をかけますが、さすがに、すべてのドリンク成分を見たわけではありませんから。

父親　栄養ドリンクに似たものとしては、最近だとゼリー系があります。プロテイン、ビタミン、エネルギーなどもありますけど、それらは補食になりますか？

木村　試合までに時間がない場合、試合と試合の合間に何か食べたいと感じた場合、おにぎりやサンドイッチといった固形物は消化吸収に時間がかかります。エネルギーゼリーといわれるものは、成分にデキストリンが入っていることが多いです。これはいわばご飯に含まれているでんぷんが細かくなったものなので、ご飯よりも少し消化が進んだ状態と考えればいいと思います。試合と試合の間にとったとしても消化吸収に大きな影響を与えないといわれ、スポーツ界で使われるようになりました。ですから、シチュエーションで決めればいいと思います。時間がないとか、5分後、10分後の試合に影響があるときなどは、エネルギーゼリーは有効だと思います。ただ、練習も試合もこのあとにはありませんというときに、おにぎりとエネルギーゼリーがあるなら、おにぎりを選ばせたいところです。

父親　状況に応じて使い分けるイメージですね。

木村　例えば、次の試合までの時間が30分以内だったらエネルギーゼリー、バナナ、果物などで補食をとってください。水分を少しとらせたいときも、そういうものがいいと思います。一方で、試合までの時間が1時間くらいあって、昼ご飯をしっかりと

得する食べ方を身につける

栄養分の少ないお菓子でカロリーをとるくらいなら	おにぎりや乳製品等でタンパク質などのプラスαの成分をとる
清涼飲料水などのドリンクを飲むなら	ビタミンが多く含まれる100%果汁を選ぶ
試合までの時間を考えて	補食をとる

るには時間が足りないが、おなかは空いているという状況であれば、おにぎりやサンドイッチを食べてもらいたいです。空いている時間との兼ね合いというか、試合までの時間がどれくらいあるかで選ぶ感じですね。

冷えている飲料を飲む

父親 水分補給に関しては、近年はそれが当たり前になりつつあります。もう一歩踏み込んで、例えば、常温のほうがいいといったような、何か知っておくべきことはありますか?

木村 水分補給についてはふたつの考え方があると思います。これは覚えておいてほしいことですが、ひとつは脱水予防。これはわかると思います。そして、もうひとつがエネルギー補給。スポーツドリンクはその両方を満たす飲料だと思うのです。これも何を飲むかはシチュエーションによって決める必要があります。小中学生の場合、使っている体育館に冷房は入っていますか?

鈴木コーチ ほとんど入っていないと思います。

木村　真夏の体育館は脱水をより引き起こしやすいですし、エネルギー補給についても考慮しておく必要があるでしょう。ですから、スポーツドリンク的なものが望ましいです。脱水予防をするときに一番考えなければいけないのは、どれくらいの水分を体内にとり込めるかです。このとき飲料に食塩が入っていることが重要になります。ただ単に水を飲むだけでは水分吸収がよくありません。５００㏄の水を飲む場合でも、ひとつまみくらいでいいから食塩を入れます。それだけで全然違います。食塩がちょっとでも入っていることがすごく大事。エネルギー補給が目的であれば、糖分が入っていることが重要になります。例えば、オレンジジュースや清涼飲料水には、糖分が10％くらい入っています。10％くらい入っていると、誰が飲んでも甘く感じると思います。とても甘いと感じるものは、通常は水分の吸収を妨げるのですが、多くのスポーツドリンクは糖と塩分の濃度が絶妙に調整されています。昔は「スポーツドリンクを薄めて飲みなさい」といわれたことがありました。水分吸収をよくするために、甘さを薄めて飲むように提唱されていたのです。でも、それをやると塩分まで薄まってしまいます。薄めてもいいんですが、それなら、食塩をちょっと加えてほしいと思います。

父親　塩分と糖分のバランスが大事なんですね。

木村　そうです。糖分はだいたい4～8％くらいがいいといわれていて、一般的なスポーツドリンクはたいていがその間の数値。ですから、薄めなくてもいいのではないかと思います。

父親　スポーツをやっている子にとっては、やっぱりスポーツドリンクがいいんでしょうか？　ウチの子はスポーツドリンクがあまり好きじゃありません。麦茶派です。でも、お茶だと糖分がありませんよね。

木村　汗の量によります。汗の量が多いのであればナトリウム、つまり食塩が入っていたほうがいいと思います。お子さんは小学生ですか？

父親　はい、4年生です。

木村　一回の練習時間が短くて、汗をほとんどかかないのであれば、そこまで慎重にならなくてもいいでしょう。食事で塩分の多いものを食べれば、そんなに影響しないと思います。でも、日本の夏は尋常ではない暑さなので、脱水がすごくこわいのです。食塩をなめるだけでもいいと思います。

父親　最近だと、熱中症予防の飴やタブレットがあります。練習中にそれをなめるのでもいいでしょうか？

木村　いいと思います。ちょっとあるだけでも違います。

父親　夏だとキンキンに冷えているほうがいいという子がいますが、それだとおなかを壊したり、体温を下げちゃったりするのかなと心配しちゃいます。

木村　以前は「常温、もしくは体温に近いほうがいい」といっている人がいましたが、最近の考え方は逆です。「アイススラリー」のようなキンキンに冷えているもののほうが体温を速く下げる効果があるとされているからです。ただし、キンキンに冷えているものをがぶ飲みするのは問題です。

父親　冷たいほうがいいんだけど、飲み方に注意が必要というわけですね。

木村　そうです。量の問題です。

父親　一口ずつとか、一気に飲まないようにすればいいでしょうか？

木村　そういう飲み方のほうがいいと思います。

父親　汗の量を見るという話がありましたが、秋になって暑くなくなったら、お茶持参で練習に行ってもあまり飲まずに帰ってくるようになりました。

木村　人間の体はすごく正直で、体重の2％くらいの水分が不足すると、のどが渇きます。のどが渇かないのは水分喪失が少ないからでしょう。そうであれば、積極的に飲ませる必要はないと思います。ひとつのバロメーターになるのは体重変化です。あまりにも脱水がひどくなると、のどの渇きを感じられなくなります。

鈴木コーチ　練習の前後で体重を比べるのはそのためなんですね。

木村　そうです。練習して汗をかけば、体重はその分だけ減ります。

鈴木コーチ　1キロも減ったとしたら、水分補給が足りないということでしょうか？

木村　その場合は、のどがすごく渇いているはずです。渇いていなければ、生理的にちょっとおかしいと思います。あとは尿の色を見たり、爪の変化を見たりする方法がありますが、早めに飲むというのもいいかもしれません。さきほどもいいましたが、水分が2％くらい減らなければ、「のどが渇いた」とは感じません。ですから、少し早めに飲んで予防するという考え方は正解だと思います。

いまの日本人はタンパク質をとれている

父親　最近では子どもでもサプリメントをとりますよね。スポーツショップで子ども用プロテインとかを見かけますけど、先生はプロテインについてどう考えますか？何かちょっとこわくて、手を出せずにいます。

木村　私は子どもがサプリメントを飲まなければならないほど練習させることに問題

があると思っています。とても大きい子でもない限り、子どもに必要なタンパク質を通常の食事でとれないことはまずありません。ですから、普通の発育発達状況にある子どもが普通の食事でタンパク質をとれないのであれば、それは指導者に問題があります。

鈴木コーチ 練習のさせすぎですね。

木村 そう思います。ただ、バスケットは、プロの場合はもちろん当たり前なのですが、それ以外を見ても、すごく大きい選手が多いじゃないですか。大きい選手が一日でとらなければいけないタンパク質の量が増えてきたときに、食事だけでとろうとすると、肉の量も魚の量も多くなってしまいます。そこで、練習が終わったあとに、ひとつの戦略としてプロテインをとるというのは場合によってはありだと思います。いけないと頭から否定するものではありません。食事で足りていないのであれば、とらせるほうが絶対に有利になりますし、その場合はとったほうがいいとアドバイスします。タンパク質は、100グラムの肉を食べても20グラムしか入っていません。子どもだったら、20グラム「も」入っているという感じですが。

父親 一日に摂取するタンパク質の目安はあるんですか？

木村 体重1キログラムあたりで2グラムあれば、十分だと思います。普通の成人なら、体重1キログラムあたりで1グラムくらい。でも、成長期はそれよりも増やす必要があります。スポーツ選手だったら、体重1キログラムあたり1・5～2グラムくらい。ですから、運動している子どももそれくらいを目安として考えればいいと思います。1キログラムあたり2グラムは超えないでほしいです。

鈴木コーチ　50キロの体重の子どもであれば、1日100グラムくらいが目安でしょうか。

木村　100グラムはいらない気がしますが。

鈴木コーチ　先ほどの肉の計算でいくと、だいたい500グラムくらいの肉がちょうどいいことになりますね。

木村　でも、タンパク質は肉や魚だけに含まれるものではありません。ご飯もかなり食べるじゃないですか。1食あたりで30グラムくらいはご飯でタンパク質をとれるのではないでしょうか。そう考えると、100グラムのタンパク質をとるのはそんなに大変ではありません。一般の人の場合だと、100グラムをオーバーすることも多いです。

鈴木コーチ　日本の食事は欧米に比べてタンパク質が足りないんじゃないかと昔はよくいわれましたけど、そうでもないんですか？

木村　十分だと思います。特にいまの日本人は結構とれていると思います。ちなみに戦争前後の日本人は身長が低かったのですが、あれはタンパク質不足が要因ですね。

タンパク質を組み合わせる

父親　グラムや数値が大事なのはわかるんですけど、一般の家庭ではその数値をどうやって出せばいいんでしょうか？　それはやっぱり親がやるべきことなんでしょうか？

木村　できます？

父親　ここで「やるべき」といわれたら、途方に暮れると思います。

木村　私もです（笑）。そんなの大嫌いです（笑）。

父親　えっ（笑）？　では、どうすればいいんでしょうか？　何かアドバイスはありますか？

木村　一番の目安は「いま食べている量」です。私が「これくらいがいいですよ」といって始めると、全部がリセットされた状態で一から食事を準備しなければいけないですよね。それよりも「いま食べている量」がすべての目安になると思います。保護者のみなさんにまずやってもらいたいのは「いま食べている量」がどれくらいなのかをきちんと見ること。それを見た上で、また体重の話に戻るんですが、体重、除脂肪体重、体脂肪の増え方を見直して、成長期なのに体重の増加が少ないなと思ったら、ご飯の量と主菜の量を増やします。調整するわけです。「いま」を変えるのではなく、「いま」をこれからの一番の目安にするわけです。

父親 ウチは子どもが「おかわり」といったらおかわりさせます。

木村 おかわりするのは足りないからです。「食べられない」といって体重がそのままだったら、「もうちょっと食べなさい」といいます。逆に体脂肪が激増しているのであれば、その子にとっては多かったかもしれません。さきほどのバランスの話に戻るのですが、やってもらえるのであれば、「組み合わせのタンパク質」がいいです。良質のタンパク質源になるものは5種類くらいしかなくて、大豆製品、肉、乳製品、魚、卵。そのうちのふたつか3つを組み合わせるのです（P119）。乳製品は基本的に入ると思うので、卵と肉とか、大豆製品と魚とか、ふたつくらいを組み合わせると、アミノ酸のバランスがすごくよくなります。いい体を効率的につくることができます。例えば、惣菜を買ってきたとして、そこに卵料理を一品つけるといいでしょう。

父親 妻は目玉焼きを毎朝つくるんですけど、鈴木コーチのセミナーを聞いて以来、

組み合わせのタンパク質

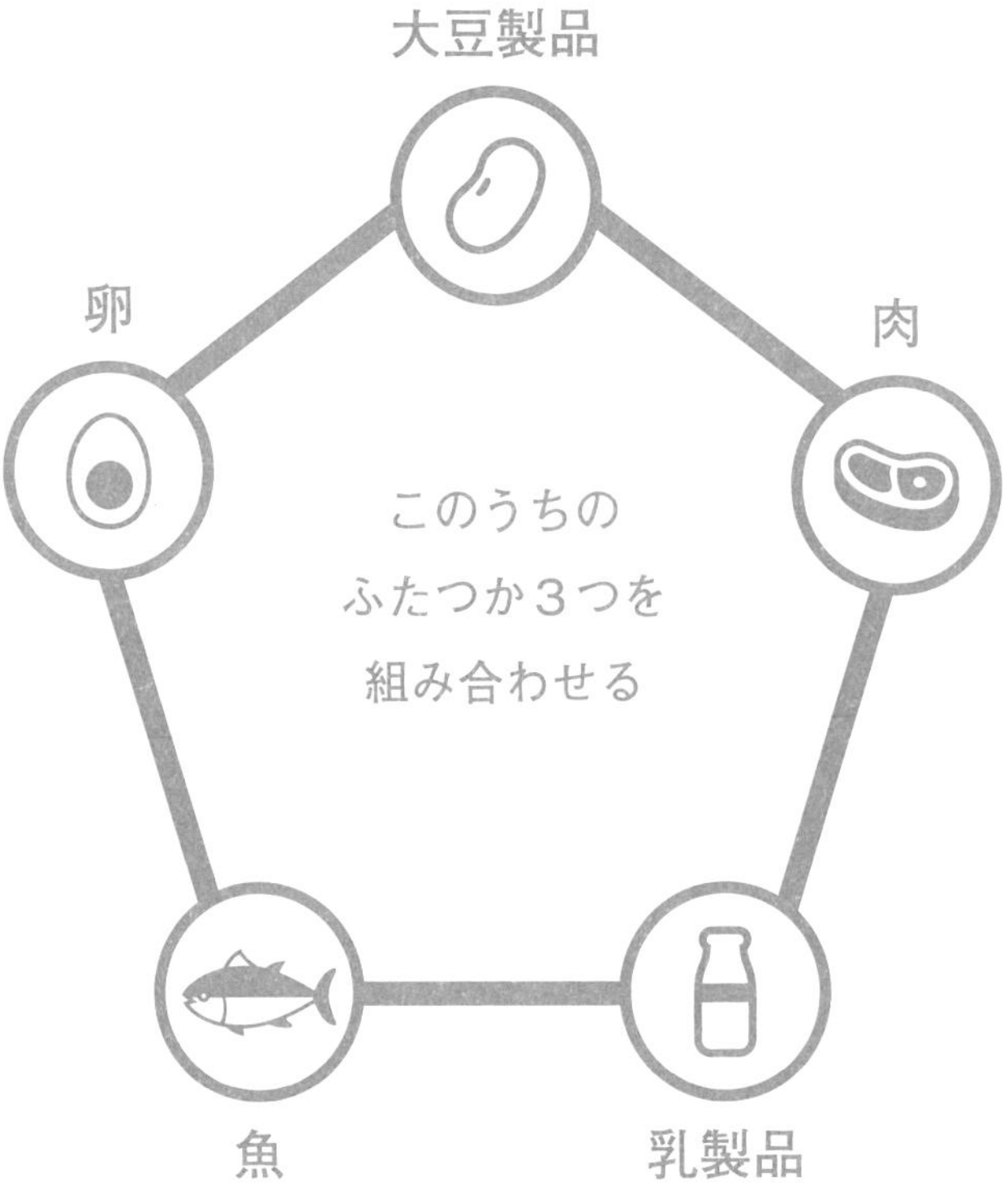

**５つのタンパク質源のうちの
ふたつか３つを組み合わせることで
アミノ酸のバランスがよくなり、
いい体を効率的につくれる**

味噌汁が加わりました。卵と大豆だから、タンパク質をとる上ではバランスがいいことになります。

木村 そうですね。ご飯はタンパク質食品に入りませんが、それはアミノ酸の組成が十分ではないからです。でも、豆製品が入ると、アミノ酸の組成がよくなります。ご飯と大豆製品の組み合わせはすごくいいのです。

父親 納豆ご飯は最高ですね。

木村 そうなのです（笑）。日本人は、ご飯と味噌汁を昔から食べてきています。それがいいのだと思います。

野菜で重要視すべきはミネラル

父親 肉やタンパク質の話をしましたけど、バランスをとる上では野菜も必要でしょうか？

木村 私が指導するときは、野菜をふた皿そろえてほしいとお願いしています。育成年代の子どもの野菜量は圧倒的に少ないですから。

鈴木コーチ　どうして野菜をとるのかと聞かれたら、どう答えますか？

木村　多くの人が野菜は食物繊維とビタミンだと思っています。それももちろんあるのですが、私がほかに重要視しているのはミネラル。特に育成年代は骨を丈夫にしなくてはいけない時期ですし、体が大きくなるので、血や肉もつくらなくてはいけません。そこにはミネラル成分の鉄分やカルシウムなどが必要になってきます。野菜では、特に緑黄色野菜をお勧めします。ミネラルが多いからです。貧血予防になりますし、強い骨づくりにも影響するので、そういう意味でもとってほしいと考えます。カルシウムは牛乳や小魚でとるものだと思っていませんか。でも、野菜、特に緑黄色野菜にも多く含まれているのです。

父親　野菜の調理法としては、温野菜だったり、生だったり、いろいろあるじゃないですか。最近だと、緑黄色野菜のジュースもあります。

木村　温野菜にするのはいいと思います。理由は、温野菜にすると野菜のかさが減って、たくさん食べられるからです。ゆでると小さくなって、簡単に摂取できます。温野菜にして量をたくさん食べるのはひとつのテクニックです。

父親　ドレッシングにしてもノンオイルとかたくさんありますけど、どれがいいんでしょうか？

木村 ドレッシングをかけて野菜を食べてくれるのであれば、それでいいと思います。ただ、ドレッシングは油の量がかなりあるので、大さじ1杯とか2杯をかけると、そこそこのエネルギー量になってしまいます。生活習慣病予防のために気をつけてくださいという話になります。

父親 ドレッシングの扱いについてはこの本を読む保護者向けですね（笑）。子どもたちにとってはまずは食べることが大事なんですよね。

木村 それで体脂肪が増えたら、走ればいいのです（笑）。体力がつくから、一石二鳥です。

鈴木コーチ フルーツも野菜と同じくくりでしょうか？

木村 そうですね。でも、フルーツは高いし、重いですよね（笑）。仮にフルーツをそろえられないなら、野菜で補えばいいと思います。

ゲン担ぎのトンカツはよくない？

父親　育成年代の子どもを持つ親としては、まずはしっかり食べさせることなんでしょうけど、うちの長男はご飯を食べるのが遅いんです。ただ、見ていると、よく噛んでいる感じがします。長女は早飯というか、噛むのが少ないのか、ガツガツ食べちゃうので、ちょっとぽっちゃりしています。

木村　食べるのが早い子は、食べたという信号が脳に送られるまでの間にガッと食べてしまうのです。ゆっくり食べる子は、もう食べたという気持ちに先になってしまって食べられなくなるわけです。

父親　僕らが小さい頃からいわれていることですけど、消化はよく噛んで食べると変わるものなんでしょうか？

木村　その子の消化吸収能力が影響するので、一概にはいえないと思います。たくさん食べても太らない人がいるじゃないですか。消化吸収能力が低いから、そうなっているのだと思います。これも一概にはいえないことですが、早食いで太っていくのは、吸収力がそこそこあるのかもしれません。よく噛むと胃に負担をかけないので、試合の前後などの際にはいい食べ方かなと思います。

鈴木コーチ　試合の前後といえば、試合前日にカツを食べることが昔からありましたよね（笑）。

木村　ゲン担ぎでトンカツを食べていましたが、どうなんでしょうか。というのも、脂質の消化吸収には時間がすごくかかるからです。消化吸収力が悪い子は試合の前の晩に揚げ物を食べるのは控えたほうがいいでしょう。でも、最近はわからなくなってきていて、脂質に対する消化吸収能力が高い子もいます。普段から脂質をよく食べている子のほうが消化がいいのです。逆に、普段食べ慣れていないような子が試合の前日にガツンと食べると、すごく影響します。普段から脂質をそこそことっているような子であれば、そんなには影響しないのではないかと思います。

鈴木コーチ　内臓が普段から鍛えられているということですね。

木村　そうです。内臓を鍛えることは大事です。普段からいろいろなものを食べて鍛えておくこと。好き嫌いをしている子はいざというときに弱いなと思います。

鈴木コーチ　好き嫌いは内臓を甘やかしていることになるんですね。

木村　内臓のトレーニングは小さい頃からやったほうがいいです。いろいろなものをきちんと食べて、何を入れたときでもしっかり消化吸収できるようにしましょう。

アレルギーを自分で把握しておく

父親 親としては「何でも食べなさい」というだけですけど、これだけはどうしても嫌だというものがありますよね。

鈴木コーチ 最近の子はアレルギーが多いんです。

木村 好き嫌いとアレルギーは考え方を分けたほうがいいと思います。アレルギーは免疫反応で、ダメなものを食べると、下手をしたら死に直結する場合があります。アレルギーがあるかどうかをチームとして把握しておく必要があると思います。

鈴木コーチ 弱いアレルギーもあると聞きます。そこまでは気にしすぎなくていいんでしょうか?

木村 アレルギーに関しては、気にしたほうがいいと思います。ただ、子どもさんがスポーツを続けた場合、親としては子どもがどこに行って何を食べるかまではわからないでしょう。そう考えると、ある程度は子どもさん自身が自分の体を把握しておくことが大事になります。何に対してダメなのかを知っておいたほうがいいと思います。アレルギー反応があるかどうかは血液検査をすれば簡単にわかりますから。それと、定期的な検査が必要になります。実は私もデリケートな体質で、子どもの頃はそばがダメだったのですが、30歳くらいでアレルギーがなくなりました。でも、いまはエビと梨がダメになっています。年齢をある程度重ねると治りません。ただ、鈴木コーチがさきほどいったように、アレルギーには重篤な症状とそうでないものがあります。とりあえずは自分が何に対してアレルギーがあるかを把握しておく必要があります。アレルギーは体調次第で反応が出てしまう場合があるので、体調があまりよくないときなどはアレルギー反応を起こすような食品は避けたほうがいいと思います。私の例でわかるように、治ることももちろんあるので、定期的に調べることが大事だと思います。

父親　アレルギーではなく、単なる好き嫌いの場合は、好き嫌いなく食べられるようにしたほうがいいんでしょうか？

木村　そこは戦略です。好き嫌いがある子に「食べなさい」といったところで、もっと嫌いになってしまうことがあります。そこは親がテクニックを駆使してやるしかありません。例えば、嫌いといっているものをごまかして食べさせる方法がありますし、何とか食べさせて褒める方法もあります。そんなことをしても絶対に食べないぞという子もいますが、一方で、親が思い込んでいるパターンもあります。食べられないと決めつけているパターン。いまでも忘れられないことがあります。トマト嫌いの子がいて、周囲もその子はトマトが嫌いだと思っていました。ところが、「トマトは食べられないけど、プチトマトは食べられる」というのです（笑）。「これだったら食べられる」と。はっきりいって、トマトも納豆も食べられなくても死なないでしょ。ただ、戦略としては、食べられないものがあったときに、それに近いようなものでどれなら食べられるかを探してあげる方法があります。刻んで食べさせるよりは、そっちのほうが学びは多いでしょう。あとは親には褒め続けてほしいです。嫌いなものを食べたときに最初だけ褒めて、そのあとは安心して褒めなくなってしまいます。でも、子どもたちからすると、瞬間的に変わったのではなくて、実はずっと努力し続けているのです。「きょうも頑張ったね」と、しつこいくらい褒めていいと思います。

父親　それは親にしかできないですね。

木村　ただ、親にとって一番難しいのが褒めることなのです。そこは親が頑張らないといけません。

3食の中で最も重要なのは朝食

父親　朝食の重要性がよくいわれますが、木村先生はどのような考えですか？

木村　朝食は絶対に抜いてはダメです。朝食を抜くと、一日のエネルギー量が絶対的に足りなくなります。ですから、朝食は抜いちゃダメです。

父親　朝昼晩、3食しっかりとりなさいということですね。

木村　1週間に1回しか練習しないような遊び程度の運動だったら、そんなにシビアになる必要はないかもしれませんが、そこそこやっている子だったら、絶対に抜いてはダメです。

鈴木コーチ　コーンフレークだけという家庭もあると思うんですけど、タンパク質源などを含めて、朝からちゃんとそろえたほうがいいんですね。

木村　理想はそうです。ただ、これまで食べていない家庭であれば、コーンフレークと牛乳で始めてもいいと思います。食べる習慣をつけながら、そこに目玉焼きを加えるとか、ちょっとずつ増やしていけばいいのです。

父親　夕食についてですけど、練習が遅くなって、しっかりとるのが20時とか21時になることがあると思います。どれくらいの量が適当でしょうか？

木村　これにもふた通りの考え方があります。ひとつは朝の食欲で決めたらいいと思います。朝食がバロメーターになります。ちなみに、夜食をとって朝食を食べられないようだと、それは大きな問題で、夜食のタイミングがよくないのだと思います。場合によっては、夜食を食べないと、おなかが空いて寝られないことがあるじゃないですか。成長期にはそういうことが特にあります。そんな場合は夜の食事の時間帯が問題なので、もう少し早い時間帯に夕食を食べるといった対応をとらなければいけません。ここまでの話は家庭サイドで調整するという考え方なんですが、もうひとつの考え方はそんなに遅くまで練習させるほうが悪いというもの。耳の痛い人がいっぱいいるかもしれません（笑）。睡眠時間を削るような練習になっているのであれば、絶対にダメです。食事は練習の前後で何とか調整できると思うのですが、そんなに遅くまで練習すると、睡眠時間はどうしても削られてしまいます。成長期の睡眠時間を削るようなことをすると、パフォーマンスは絶対に上がりません。睡眠時間が削られるくらいなら、練習時間の見直しを真剣に考えたほうがいいと思います。

父親　なるほど。食事だけでなく、睡眠も重要なんですね。朝食をバロメーターにするという話でしたけど、つまり、それは3食の中で朝食が最も重要だということでしょうか？

木村　そうだと思います。朝食と昼食は練習前に食べるものなので、食べていないとパワーを発揮できないと思います。その子のパフォーマンスを高める練習をさせたいのであれば、練習前の食事をしっかりとっておくことが重要。昼食を食べられる量には限度があるので、朝食を抜くと、結局はパワーが足りない状態で練習に入ることになります。ですから、どっちにしても朝食を抜いてはいけません。

鍋で野菜もタンパク質源もとる

父親　妻につくり置きしておけるものがあれば聞いておいてといわれたんですけど、何かありますか？

木村　私が自分でつくるときに面倒くさいと思わないのは、ひとつの鍋でできるものです。気がつくと、全部ぶち込んでいます（笑）。野菜も入るし、タンパク質源も入るので、鍋系とかスープ系はいいと思います。昔よくやっていたのが洋風鍋。洋風鍋をつくって、どんどんアレンジしていくのです。1回目はたくさんつくらなければいけないのですが（笑）。継ぎ足して、味を変えます。最初はホワイトクリームを入れて、次はカレーパウダーを入れてというように、味を濃くしていきます（笑）。

父親　保護者はそういうテクニックを持っておくといいですね。

木村　スープをつくったら、パックに入れて冷凍しておくと、忙しい奥様にはいいかもしれません。

父親　冬場の鍋はいいと思うんですけど、夏場は食が細るというか、そうめんだけでいいやってなっちゃいます。大変だけど、保護者はそこでも頑張るべきですか？

木村　いや、手を抜けばいいのではないでしょうか（笑）。

父親　いいんですか（笑）？

木村　ただ、私だったら、そうめんをゆでるときに肉も一緒にゆでます。冷しゃぶみたいにするのです。それで、そうめんと肉を一緒に食べられるようにします。あとは野菜を刻むだけ。それさえも面倒くさかったら、カット野菜を置けばいいのです。

父親　育成年代における食事のとり方というか、親が気をつけられるポイントとしては、しっかり食べさせて、体重を見て、バランスをとることですね。

木村　これだけは意識してほしいということがもうひとつあります。**感染症の予防対**

策を徹底してほしいのです。（コロナ禍の現象を踏まえて）生活様式を変えなくてはいけないといわれていますが、スポーツ選手の環境はどうしてもクラスターを起こしがちです。そのひとつの理由としてバスケットで特に気になっているのが、ペットボトルの回し飲みです。新型コロナウイルスが騒がれる前は黙認していたのですが、やっぱりひとり1本が原則。ほかの人が口をつけたものには口をつけないとか、誰かが食べているものをもらわないとか、そういうことです。それは楽しみのひとつだったはずですが、新型コロナウイルスに限らず、クラスターを起こしてしまいます。感染症対策も子どものときからの意識づけとして重要視してほしいと思います。

朝食と昼食は練習前に食べるもの。食べていないとパワーを発揮できない（写真はイメージ）

第3章の習慣（まとめ）

16 まずは体重を見る。
特に除脂肪体重を見る

17 コンビニやファストフードを
上手に活用する

18 補食は試合までの時間が
どれくらいあるかで選ぶ

19 水分補給は食塩と糖分の
バランスが大事になる

20 5種類の良質なタンパク質源のうちの
ふたつか3つを組み合わせて食べる

21 自分が何に対してアレルギーがあるかを
把握する。親もチームも把握する

22 朝食は絶対に抜いてはいけない

23 感染症の予防対策を徹底して行う。
ペットボトルは
ひとり1本を原則とする

第4章

バッシュ選びって重要なことなんですか？

スポーツメーカーに聞く・その1

高崎から帰ってきて数日後、体育館で再会した僕と鈴木コーチはこんな会話をした。

「コーチ、子どもを育てていくのって一筋縄ではいかないんですね。専門家の方の話を聞けば聞くほど、余計に『大丈夫かな？』って思えてきました」

「そうですね。でも、学ぶことで何かを得られれば、それはおとうさんたちの進化といえるかもしれません。やっぱり、親も子どもと一緒に成長していかなきゃ」

「はい。ところで、最近、子どもが大きくなってきたので、バッシュ（バスケットボールシューズ）を買い替えようかと思うんですけど、何か気をつけたほうがいいことってあるんでしょうか？　何か、そんなことも気になり始めて……」

経験上、指先に少し余裕があって幅はきつくないほうがいいというのは理解しているし、メーカーによって違いがあるのも承知している。もちろん、メーカーとしてもさまざまな研究を重ねた上で製品をつくり出しているのだろうが、子どものバッシュについてはあまり聞いたことがない。そこで、僕たちは、日本が誇るスポーツメーカーであるアシックスでバスケットボール担当として勤める井上楓さん、シューズ担当の吉田慎平さん、ＰＲ担当の中村祐美子さんに、育成年代、とりわけミニバスをしている子どもたちに合うバッシュについて聞いてみることにした。

アシックスの原点はバッシュ

鈴木コーチ　僕はアシックスのバッシュをずっと履いているんですけど、アシックスのバッシュの歴史を簡単に教えてもらえますか？

吉田　アシックスの創業者である鬼塚喜八郎がアシックスの前身である「鬼塚株式会社」を設立したのが１９４９年です。翌年には、第1号のバスケットボールシューズがつくられました。つまり、アシックスのシューズの歴史はバスケットから始まっているんです。さらにその翌年には、タコの吸盤からヒントを得て、グリップ力の高いシューズを開発したというエピソードがあります。バスケットに必要なストップ性とスタート性を高めるべく、改良したわけです。

井上　少し補足すると、「オニツカ」は戦争で荒れ果てた地をスポーツを通して再興したい、特に青少年や子どもたちを育成したいという思いで始まったブランドです。どうしてバスケットボールシューズから始めたかというと、一番難しいものから始めれば、そのあとは何でもできるんじゃないかと考えたからです。バスケットにおいては、縦にも横にも斜めにもという360度全方向への動きが存在します。そういう意味で、我々がカバーしているスポーツの中でシューズをつくるのが最も難しいと考えられています。まずはそこにチャレンジしようという精神で始まったと聞いています。

父親 僕もアシックスのバッシュを履いているんですけど、アシックスの原点がバッシュにあるとは知りませんでした。

吉田 主に布製、キャンバス地のバッシュがずっと続きました。いまの30代半ばくらいの方で印象に残っているのは「ファブレジャパン」シリーズでしょう。天然皮革を使ったバッシュで、一時代を築いたカルチャーかなと思います。その後に生まれた「ゲルスポットライト」シリーズはNBAのデトロイト・ピストンズに所属していたアイザイア・トーマス選手が履いてくれました。海外では理解されにくい日本独特の部活動にフォーカスした中で、一番大きな転機になったのは1997年に発売された「ゲルバースト」シリーズかなと思います。キャンバス地、天然皮革、人工皮革のバッシュと来ていましたが、ゲルバーストでは足を覆うアッパーの部分にメッシュを多用しました。これは市場でかなり大きなインパクトがあったのではないかと考えています。実際、ゲルバーストシリーズはいまも続くロングセラーで、市場で支持されているシューズかなと思います。その後も新しいシリーズが出ていますが、アシックスとバス

ジュニアのためのバスケットシューズとは?

ジュニア期におけるシューズの役割

- 成長過程の足に余計な負担をかけないこと
- バスケットの技術を習得するにあたり、足の使い方を正しく学習できること

理想的なシューズの機能

屈曲性	サポート性
小さな力でも正しい位置で曲がる	足首が前後に動きやすく左右に倒れにくい

軽量性	フィット性
軽い	足の形状に合っている

ケットボールの関わりの中で大きなトピックとしては、こういったところがポイントになると思います。

かかとのフィッティングが一番大事

父親 時代が進むにしたがって、子どもたちの体もどんどん変わっています。そういった状況におけるバスケットシューズの重要性はどこにあるんでしょうか?

吉田 ジュニアに限らず、バスケットの動きは非常に複雑です。井上もいいましたが、前後左右に細かい動きがあります。速い動きや力のかかる動きといった具合に、動きのバリエーションがすごく豊富なんです。しかも、レベルが上がれば上がるほど、ほかの競技に比べて、フィジカルの要素が大きくなります。足首、膝、腰への負担が大きいのが、バスケットの競技特性として挙げられます。

父親 私はバスケット以外のスポーツを本格的に経験したことがないので、比較はしにくいんですけど、確かにそういう側面があると思います。

吉田 でも、そうした点が理解されていないように感じることが多々あります。例を

バスケットボール特有の競技特性

狭いエリアの中でトップスピードからの
ストップ、ジャンプ、方向転換を
しなくてはならない

↓

足を滑らせずに床に固定することや
叩きつけることが多い

＝

足首、膝、
腰などへの
負荷が非常に重い

挙げると、大きめのサイズを無理して履く、憧れの選手が履いているモデルだから履く、紐を通す左右の穴がアッパーの中央でピタッとくっついている、つま先の部分の形状が崩れて膨れている、同じシューズを半年以上履いているといった状況を現場でよく見かけます。そういうのは、実はよくないんです。さきほど話したバスケットボールの特徴に加え、ジュニア期の子どもの足は大人の足とは異なり、骨が完全にでき上がっていません。成長段階にあるので、足形さえも変化します。そのときに履くシューズは足の成長に大きな影響があるんです。あくまでも一般的な傾向ですが、ジュニア期においては足が細い、かかとが小さい、足の筋力自体が弱い、腱がまだまだ柔らかいといった、大人と違う特徴があります。そのときに足に合っていないシューズを履くと、プレーに影響が出るだけでなく、足や指の変形といった深刻な障害に発展してしまうリスクがあるんです。

父親　先日、トレーナーの方と話をしたんですけど、バスケットではシーバー病というかかとの怪我が捻挫と同じくらい多くあると聞きました。そこではバッシュ選びがポイントになるとの話でした。

吉田　そうですね。アシックスが行うシューズの講習会では、かかとのフィッティングが一番大事という話をします。シューズ選びにおいて、かかとのフィットはとても

ジュニアの足の特徴と傾向

特徴

- 骨化が完了していない
- 足形が変化していく

傾向

- 足が細い
- かかとが小さい
- 足の筋力が弱い
- 腱が柔らかい

重要なんです。なおかつ、ジュニア期はかかとが小さいという特徴が見られるので、そこのフィット感はさらに重要になると思います。

父親　シューズを選ぶときは当然子どもに履かせるんですけど、子どもたちはフィットという感覚がわからないんです。親としてはつま先が詰まっていないかどうかを確認するんですけど、かかとのフィットがわかるコツやポイントはありますか？

吉田　店頭で買う際はまずはソックスに注意してほしいです。バスケット用のソックスを履いていないお客さんが多いんです。シューズを履いたときの感覚はソックスの厚さによって違ってくるので、シューズを買うとき、試着をするときは必ずバスケットをプレーするときに履くソックスを準備していただきたいですね。また、これはアシックスを含めてどのメーカーも同じなんですが、箱に入っているときはシューレース（靴紐）が一番上まで通っていないことが多いんです。試着するときは必ず一番上まで通してください。この2点が履く前の大前提としてあります。

父親　バスケット用のソックスとシューレースですね。

吉田　はい。そして、実際に足を通したら、シューズのかかとと足を床でコンコンと合わせる感じで、かかとを靴の後ろに入れ込むことを徹底してください。仕事柄、私はプロ選手と話すことがありますが、トップの選手の多くはこれをちゃんとやってい

正しいフィッティング❶

試し履きをするときのポイント1

バスケット用ソックスを履いて試着する

- そのシューズを使用する際のバスケット用ソックスを履く
- ソックスを履いた際の足の大きさは、厚手、薄手、あるいは足指つきなど、そのソックスの種類によって異なってくる。したがって、バスケットをするときのソックスを履く

試し履きをするときのポイント2

シューレース(靴紐)を一番上まで通す

- シューレースはフィット性を左右する重要なパーツなので、必ず一番上までしっかり通す
- ベロの部分についている「紐通し」に通すことも忘れない

ます。「このシューズを試してください」と何気なくいったときも、ちゃんと床にコンコンとやる選手がすごく多いんです。もしかすると、彼らは理論というよりも感覚でそうしているのかもしれませんが、かかとのフィッティングの重要性を認識していると思います。

井上　私は野球も担当しているのですが、プロ野球の選手は自分の足形を測って、自分のタイプを把握した上でシューズを選んでいます。もちろん、一般家庭で足形を測るのは難しいと思いますが、我々のホームページに足のサイズの測り方が載っているので、ぜひ参考にしてください。「足長（そくちょう）」と呼ばれる足の長さだけを見る親御さんが多いんですが、「ウィズ」と呼ばれる幅の部分や高さの測り方も載せています。それらが正しく測れていると、正しいシューズを選べます。大手スポーツショップでお子さんの足形を測定するイベントを行うんですが、その際に「お子さんは幅広だと思いますか？」と親御さんに聞きます。すると、ほぼ100％の方が「ウチの子は幅広です。日本のシューズじゃないと合わなくて」と話します。でも、結構勘違いしていて、実際に測ってみると、スタンダードだったり、むしろナロー（幅狭）だったりするケースが約8割。ですから、お子さんの足をしっかり測っていただくことが大切になると思います。

正しいフィッティング②

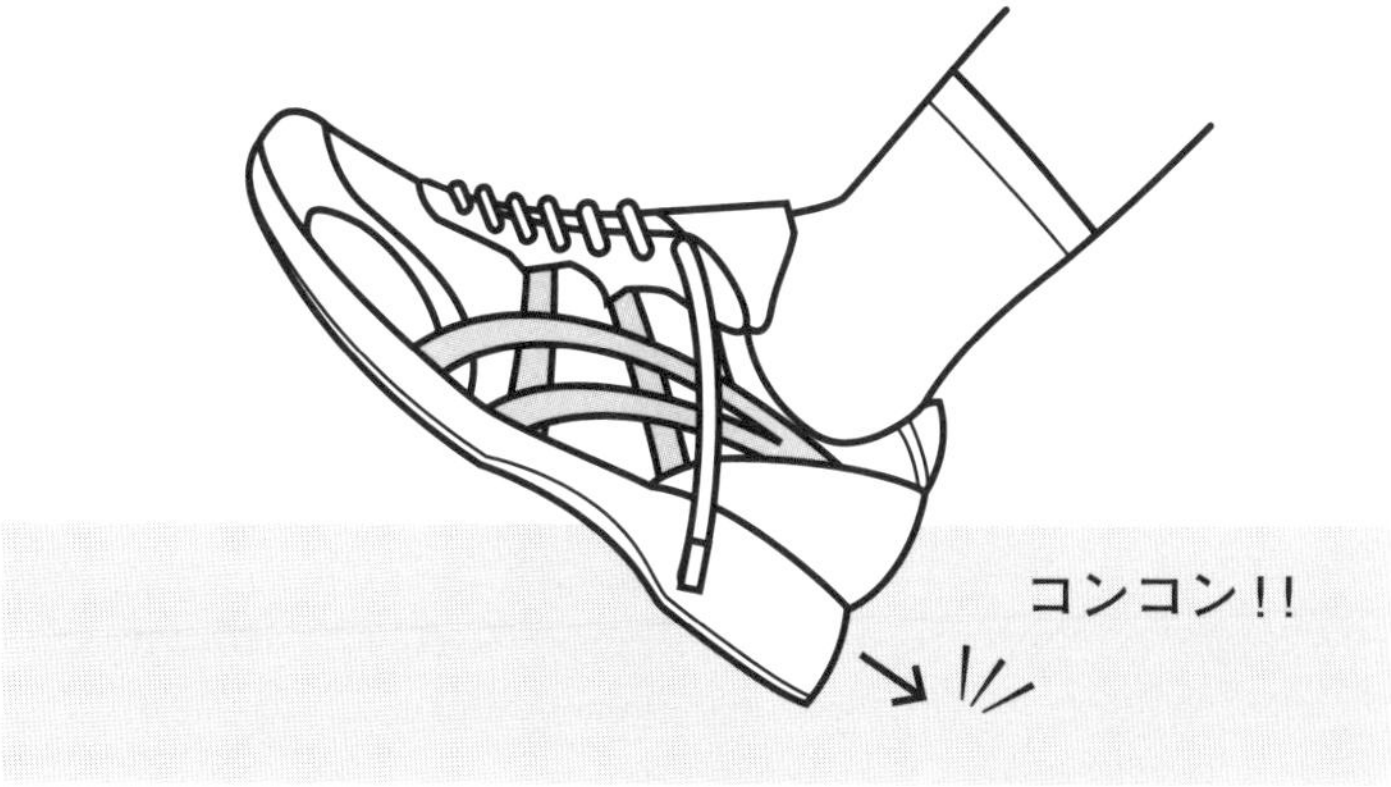

実際に足を通す際の大事な点

足とシューズのかかと部分をしっかり合わせる

よく動かすために痛みや窮屈さを感じやすい部位となる、つま先に意識が向きがちである。しかし、シューズとの一体感はかかとがフィットしてはじめて生まれる

父親　最近はウェブでシューズを買うことができます。でも、店舗で試着したほうがいいですか？

吉田　はい。お客さんからよくいわれることがあります。「前は何々というモデルの23センチを履いていました。次は違うモデルですけど、1サイズアップでいいですよね」とか、「まだシューズが小さくなっていないから、買い替えるにしても同じサイズでいいですよね」といったことです。でも、実際に靴をつくるときの「ラスト（靴型）」が同じであっても、履く感覚は使っている素材によって少しずつ変わります。ですから店頭で必ず一度試し履きをしてもらいたいというのが、メーカー側からお願いしたい点です。メーカーが異なると、同じサイズでも入らないというレベル差があったりするので、そこは特にお願いしたいところです。

正しいフィッティング❸

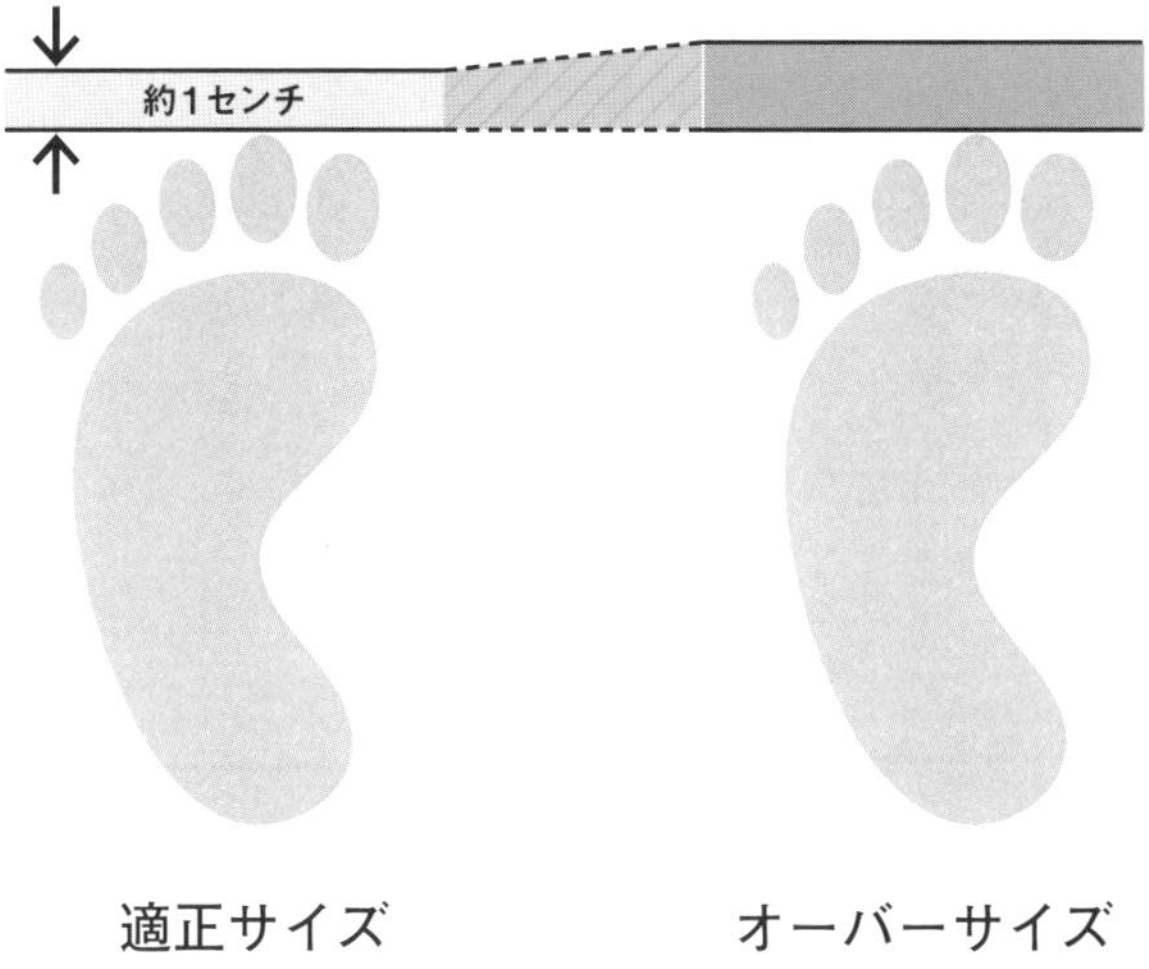

シューズの適正サイズ

足長(実寸)+1センチを目安に

適正サイズは、足長（実寸）＋１センチを目安にする。わかりにくい場合はインナーソールをとり出してそのかかとに足を合わせ、つま先からインナーソールの先端までの長さを測る

靴の底が正しい位置で曲がること

父親　保護者が改めて知っておいたほうがいいこと、例えば、昔とは違うシューズ選びの新事実みたいなものはありますか？

吉田　サイズの合わせ方や紐の締め方など、メーカーとしてチェックしてほしい項目はそれほど変わっていないと思います。サイズの目安はプラス1センチくらいで、それ以上大きいのはダメというのは昔からいわれていることかと思います。最近気になるのが、トップ選手が履いているモデルを使いたいという子どもが多いこと。ミニバス年代の選手でもそういう理由で選ぶことが多いんですが、何よりも重要なのは、そのシューズの良し悪しではなく、履く選手に合っているかどうかです。靴にはそれぞれ個性がありますが、それが選手の体格、フィジカル、レベルに合っているかどうかが大切。特にジュニアの年代でいうと、屈曲線と呼ばれる靴の底が正しい位置で曲がることがすごく重要だと考えています。シューズの中には、特に世界のトップ選手が履いているシューズについてはソールが硬いものがあるんですが、それは彼らのフィジカルの強さがあるから生かせるんです。うまい選手が履いているから、レベルの高い選手が履いているから、そのシューズがいいものということにはなりません。それは保護者の方に必ず認識してほしい点です。

父親　チーム内の憧れの先輩が履いているから自分もそれを履くというのもよくないわけですね。

吉田　はい。例えば、小学校2年生くらいでミニバスに入って、1足目は勧められたものを履いたが、2足目はチームの先輩が使っているモデルがかっこいいと思ったから、それを履きたくなったとします。でも、小学生の場合、6年生と2年生では体格やフィジカルが全然違います。ですから、同じシューズで本当にいいのかと考えてもらいたいです。正しい位置で曲がるのがすごく重要で、動いたときに足の指をしっかり使えていること、正しいステップを身につけるときに足の使い方や体重のかけ方を正しい方法で行えることが、自分にとってのいいシューズである前提になります。ソールが硬くて足の動きに追随してくれないとなると、正しい動きや体重移動を身につけにくいですし、そこで無理に曲げようとすると、余分な力が入ってしまって、結果的に足に負担がかかることが多くなります。この屈曲性は、特にミニバスのエントリー層といいますか、年齢が低い選手ほど、すごく重要なポイントになると思います。

ソックスの2枚履きはお勧めできない

父親　10年くらい前に聞いた話なんですけど、小さい子どもがバッシュを履いたら、あまりにもストップできちゃって怪我をしたとのことでした。バッシュはこわいと思ったんですけど、筋力と合っていないようなシューズを履いてしまったせいで、そうなったんでしょうか？

吉田　そうですね。足に追随してシューズが屈曲してくれると、ストップする際にちゃんとした接地ができます。でも、曲げられなかったら、そのまま滑ってしまったりすることがあります。ストップやターンのときに足にしっかり追随してくれることがジュニア年代では重要になります。

父親　ウチの娘は渡嘉敷来夢選手（ＥＮＥＯＳサンフラワーズ）のファンで、「来夢ちゃんと同じブランドにしたい」といって、アシックスのシューズを買いました。そういう場合、同じサイズであっても、大人用よりもジュニア向けのもののほうがいいんでしょうか？

正しいフィッティング④

つま先に1センチくらいの
ゆとりがある

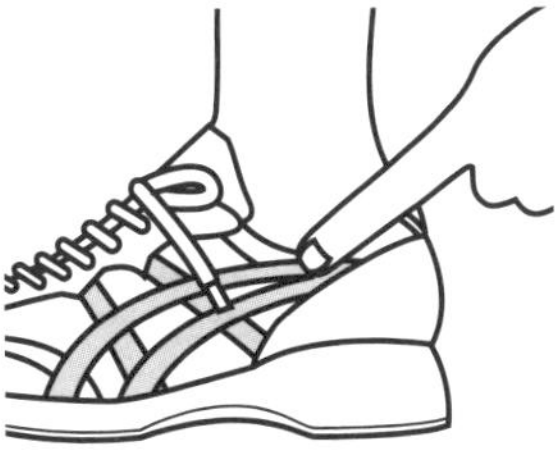

はき口が痛くない

かかとがシューズ内で浮かない

試し履きのときのチェックポイント

- □ つま先立ちになったり、足首やかかとを回したりしたときに、痛みやルーズさを感じないこと
- □ 足は左右でその大きさや動きが異なる。必ず両足とも履き、立って体重をかけた上で動きを確認すること

吉田　そこは難しいところです。確かに、大人用のシューズでも23センチからありま
す。ただし、そのサイズの大きさになっているから大丈夫というわけではありません。
足は大きいが、筋力は発達していないという子もいるわけです。実際に店頭で履いて
軽く動くことが大事かと思います。ステップを踏んだ上で、ちゃんと動けるかどうか
をチェックしてほしいですね。それと、ソールを曲げてみた感じは、つま先立ちをす
ると ピンと来ると思います。そのときに硬い印象だと、あまりよくないでしょう。一
方で、小学校高学年になれば、体が発達して大人顔負けの筋力を持っている子がいま
す。そういう子の場合は、足形やサイズさえ合えば、大人用のシューズを選択肢に入
れてもいいと思います。さきほどの話の通り、いまはネットでも購入できる時代です
が、一度履いて軽く動いてみることが大前提になるかなと思います。

父親　家庭の経済事情によっては、ちょっと大きめのサイズを買い、ソックスを2枚
履いてサイズを合わせるといったことが昔はありました。

吉田　アシックスに限らず、どのメーカーであっても、適正サイズを履く前提でもの
づくりをしているので、それはお勧めできません。かかとをしっかり合わせて、つま
先側にプラス1センチというのがサイズの目安になります。屈曲性に関しても、前に
1センチくらいの余裕がある状態で履くと適正な位置で曲がる設計になっています。

すごく大きなサイズを履くと、シューズ自体は屈曲性を持っていてもそれを生かせません。結果的にパフォーマンスの低下につながったり、足が曲がる位置とシューズが曲がる位置が一致しないために、ステップを踏んだときにそのずれで怪我のリスクが高まったりします。デメリットのほうが大きいと思います。ソックスを2枚履くのは、確かによく耳にする話です。最近はちょっと減った印象がありますが、それをやると、ソックスがすごく柔らかいために、ソックスとソックスがずれて動いてしまうリスクがあります。やはり、お勧めしにくいですね。最近はほとんど聞かなくなりましたが、以前は、小さくなってきたから中敷きを抜いて履くという方がいました。バスケットシューズに限らず、日常の靴であっても、特に子どもにそういう履き方をさせているケースがありますが、メーカーとしては中敷きありきで設計しているので、避けてほしいと考えます。

父親　中敷きの話が出ましたけど、最近は自分に合った中敷きに変える選手がいます。子どものレベルとしては、そこまで考えなくても、シューズについているもので十分でしょうか?

吉田　そうですね。メーカーやシューズによって差はありますが、中敷きをつくる主な目的で多いのがアーチをしっかりサポートしてあげること。トップの選手の場合は、履いているシューズの剛性をパフォーマンス的に強くする意味を持たせています。一般的なアーチサポートの点でいうと、アシックスのジュニアシューズに入っている中敷きは立体の形状をしています。基本的にはもともとついているものをベースとして考えていただければいいと思います。ただし、例外があります。

父親　例外があるんですか？

吉田　はい。アーチが全然なくて、整形外科で中敷きをつくってもらう場合がありま す。ジュニア年代でも聞く話で、病院に通うお子さんを持つ保護者の方からよく相談されます。そういう方はお医者さんの話を聞きながら進めていただければと思います。実際に整形外科でつくる際はシューズ持参で相談することが多いと思いますが、そうしたやり方でつくる分には問題ないかなと考えます。ただ、中敷きにはアーチサポートがついているので、基本的にはまずはそれを試していただきたいと思います。

買って半年くらいでチェックする

父親　そういえば、「半年以上履いている」といった事例を最初に挙げていましたけど、

「半年」には何か意味があるんでしょうか？

吉田　これは個人差や練習の頻度が関わってきますが、まずひとつはシューズ自体が消耗していないかということです。中学生以上で部活動を毎日やっている子は、半年程度履いた段階で、シューズ自体のパフォーマンスが買ったときよりもすごく落ちています。見た目ではわからなくてもそうなんです。幸いにも、アシックスのシューズはなかなか壊れないといっていただけるので、長期間にわたって履いているケースが多いんです。それでも、ミッドソールの素材がへたってきたり、毎日履いていると気づきにくいんですが、アッパーの部分が伸びていたりする可能性があります。そういったことがあるので、シューズの機能性の問題でチェックしていただきたいのがひとつ。それと、ジュニア世代は高校生以上の大人と違って足がどんどん大きくなる点です。プラス1センチという目安でサイズ選びをしていただいたとして、だいたい半年くらい経過したら、小さくなってきていないかをチェックしてください。成長の曲線には個人差があるので一概にはいえませんが、サイズアップの周期から考えると、半年くらいで見直してみてもいいのではないかということです。僕の子どもは小1なんですが、普段の靴を1年履くことはなかなかありません。日常生活のシューズはサイズがどんどん上がっていくのに、バッシュだけ1年履けるとすれば、それは最初のサイズ選びがすごく大きかったのか、あるいは小さいものを無理して履いているかのどちらかじゃないかなと思います。ですから、半年という期間をひとつの目安にチェックしていただくのがいいかなと考えます。

いまの子は最初から柔らかいものを好む

父親　ウチの娘はおととしの春からバスケを始めてバッシュを買いました。去年は2月くらいからコロナの影響で練習できなくなったんですけど、8月くらいに久々にバッシュを履いたら小さくなっていたといわれました。1年経っているから小さくなったのはわかるんですけど、ソールがツルツルしている感じがないので、親としては履かせたいところです（笑）。安い買い物ではありませんからね。

吉田　お下がりでもいいんですかとよく聞かれます。アッパーが伸びていたり、もともと履いていた人の足形になじんでいたりするので、あまりお勧めはしませんが、中敷きを新しいものに交換するだけでも違うかなと思います。

井上　実はいま、はやりのサブスク（サブスクリプション）ができないかなと考えたことがありますが、ビジネス的にちょっと難しかったです（笑）。

父親　親が頑張らないといけないところですね（笑）。

井上　さきほどアッパーが伸びたときが替えどきみたいな話が出ましたが、中高生に話を聞くと、最近の子はシューズをファーストインプレッション（第一印象）で選びがちです。昔のバッシュって、最初は硬いものを履き慣らしてどんどん柔らかくしていく感覚だったと思います。でも、いまの子は最初から柔らかいものがいいようです。試合ですぐに履けそうなものを重要視する子が多いんです。アシックスでもゲルフープなどの柔らかいモデルが中高生に好まれるのはそのためです。ただし、そこにはデメリットがあります。ジュニア用は動きやすいようにもともとが柔らかくつくってあるので、どうしても伸びやすいんです。伸びてしまったものはもとに戻せないので、そこは気をつけていただきたいなと思います。

父親　長持ちさせるには、柔らかい素材よりも普通の素材のものを少しずつなじませたほうがいいということでしょうか？

吉田　そこは非常に難しいところで、いまは他社を含めて、最初は硬くてそこからなじませていくようなものはほぼないんです。例えば、アシックスのゲルバーストはメッシュを使ったアッパーに変わったといいましたが、いまは皮のアッパーのものはほとんど見ません。硬いのにも良し悪しがあって、井上がいったように自分の足になじませていく長所がある一方で、痛いと感じる選手もいます。特にジュニア年代ではそれが多いんです。新しいモデルのシューズを買ったが、合わなかったので、前と同じモデルを買い直しましたという話をよく聞きます。いまの子どもたちの感覚でいうと、伸びやすいリスクがあっても足にストレスをかけないことが重要なのかなと思います。

中村　やはり正しい靴選びをすることが長持ちにつながります。例えば、幅広だと思ってワイドのシューズを買ってしまった場合、紐をぎゅっと結ぶと、その分だけシワが出るので、型崩れしやすいんです。自分に合っていない靴を選んでしまうと、へたりが早く、変なところが破れたりします。

吉田　7〜8年前の調査なんですが、ミニバスの地区ブロック大会に出た小学生に「自分にぴったりのシューズを履いていますか?」というアンケートをとったことがあります。すると、7割くらいの子が「ぴったり」と答えました。ところが、実際の適正サイズと比べてみたところ、4分の1くらいの子しか適正サイズを履いていないという結果が出ました。履いた瞬間、楽だからこれがぴったりと思っちゃう子がいるんです。大きければ大きいほど、履いた瞬間は楽ですが、動いたときのことを考えると適正じゃないことが多いんです。都道府県内のレベルの高い子でもそういう状況だったので、経験の浅い子ほど、もっとルーズになっている可能性があると思います。

父親 親としてできるのは、アシックスのホームページなどを見て適正サイズを測ってあげることくらいでしょうか？

吉田 しばらく履いたシューズだと、指の跡が中敷きに残っていたりします。その跡がすごく前まで来ていたら、サイズが小さいんじゃないかと疑えるポイントになると思います。

父親 多少あまるくらいがいいということなので、ぴったりに近かったら、そろそろ買い替えるべきなんでしょうね。

吉田 つま先との差が5ミリを切るくらいになったら、そろそろサイズアップを視野に入れなければいけないと思います。

父親 バッシュといえば、ハイカットとローカットがありますけど、ジュニアのシューズコーナーではローカットをあまり見ないような気がします。

吉田 最近は、ローカットを履いても捻挫のリスクは関係ないのではないかという話があります。しかも、実際にひどい捻挫をするときってシューズだけではカバーできないものです。ただ、アシックスの場合、大人用のものはありますが、ジュニア用のローカットは現時点で出していません。ジュニア年代は骨や関節がまだまだ弱いので、足首のサポートをしっかりしてあげたいと考えるからです。アシックスのジュニアのシューズの場合、外側からはわからないんですが、足首をサポートしてくれるような薄いシートを内側に入れてあります。それは関節の強さがないジュニア層の足首をしっかりホールドしてあげたいという意図です。ジュニア年代は成長過程にあるので、足首がしっかりしたシューズを履くことをお勧めします。

その競技に合ったソックスを選ぶ

鈴木コーチ　僕からも聞きたいことがあります。保護者の方の中にはバスケット未経験の親御さんがいます。知らずに普通の靴下を履かせたりもするんですけど、バスケット用のソックスを履くことの意味を伝えたいと考えています。何かヒントはありますか？

吉田　ウェアで考えるとわかりやすいと思います。普段着るような綿のTシャツとか洋服って、汗でビショビショになったら体に貼りついて、とてもプレーできないと思うんです。ポリエステルが入っているようなスポーツ用のTシャツなら、快適にプレーできますよね。ソックスではそこまで極端な差は出にくいんですが、素材にはやはり違いがあるので、スポーツ用のソックスを履いていただくことが必要かなと考えます。スポーツショップに行って、いろいろなスポーツのソックスを見ていただくとすごくわかりやすいんですが、例えば、マラソン用のソックスは薄いものが多いんです。サッカー用は厚め。バスケット用も比較的厚めが多いんです。各メーカーはそれぞれの競技に対して厚みを含めて設計しています。ですから、その競技に合ったソックスを選んでいただくのが一番いいかなと思います。

鈴木コーチ　足にかかるダメージも違ってくるんでしょうか？

吉田　そうですね。バスケットでは多少厚みのあるソックスを履く選手が多いんですが、クッション感はその分だけプラスになるかなと思います。ただ、さきほどもいいましたが、だからといって、2枚履けばいいという話にはなりません。

バッシュの場合はアンダーラップが基本

鈴木コーチ　もうひとつ聞きたいのは紐の通し方です。外側から通すのがいいんでしょうか、それとも内側からがいいんでしょうか？　いろいろなパターンがありますけど、親として知っておいたほうがいいスタンダードな通し方があれば教えてください。

吉田　基本的な通し方としては、アンダーラップとオーバーラップの2通りあります。鈴木コーチがいわれたやり方です。バスケットの場合は、アンダーラップと呼ばれる、靴ひもを穴の下から上に通しているシューズがほとんどだと思います。アシックスのバッシュも、ほとんどがアンダーラップで通した状態で店頭に並んでいます。アンダーラップは圧迫感が比較的少ない通し方です。バスケット、バレーボール、テニスなど、コート系でプレーが長時間にわたる競技の場合は、この締め方のほうが足への負担や圧迫を感じにくいと思います。逆に、オーバーラップは締まりがいい通し方です。競技でいうと、陸上の短距離ではスパイクにこの通し方をする選手が多いんです。強い力がかかるその瞬間だけ、ガチガチに止まっていればいいわけですから。サッカーのスパイクもこの通し方をする選手が多いかなという印象です。足でボールを扱う競技なので、できるだけしっかり固定したいというわけです。話がそれましたが、バスケットでは基本的にアンダーラップをお勧めしています。ただし、一部でオーバーラップを勧めるケースがあるんです。ジュニア期の子どもの足は細身でかかとが小さいんですが、その中でも特に細くて、スリムなシューズを履いても緩い感じがする子に

正しいフィッティング⑤

スポーツシューズのシューレーシング方法 1

アンダーラップ

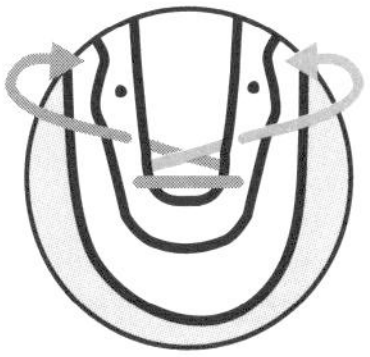

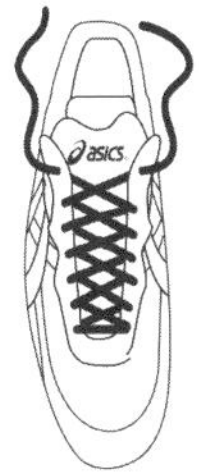

左右交互に、穴の下から上にシューレースを通す方法。履いているうちに足に適度になじみ、圧迫感が少ない

スポーツシューズのシューレーシング方法 2

オーバーラップ

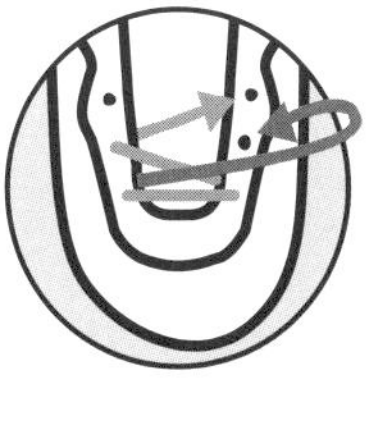

アンダーラップとは逆に、穴の上から下にシューレースを通す方法。締まりがよく、緩みにくい

ついては、オーバーラップにしてホールド感やフィット感を上げることをお勧めする場合があります。

紐を締められることは重要なスキルのひとつ

父親　紐は一番上まで通したほうがいいんでしょうか？

吉田　基本的には一番上まで通していただくのがいいかなと考えます。

父親　それはどういう理由でしょうか？

吉田　フィット感がすごく変わってくると思います。一番上まで通すと、足首を少しロックするような形になるので、可動域が少し制限される感じがあるかもしれませんが、紐を締めることで全体的なフィット感が高まってくると思います。

鈴木コーチ　僕は、教え子の紐の結び方をチェックするときに緩く結んでいたら、しっかり締め直させます。足首のところはしっかり締めたほうがいいと以前に聞いたことがあります。

吉田　僕はアシックスに入社するまで勘違いしていました。つま先のほうは足の神経がすごく通っているので、緩いのはダメ。でも、足首のあたりはそこまでギチギチに締めなくてもいいのかなと思っていたんです。むしろ、そこまでしないといけないのであれば、それはサイズや幅が合っていないんじゃないかと思っていました。でも、鈴木コーチが指摘されたように、足首に近づくにつれてしっかり締めるほうがいいんです。どうしてかというと、かかとのフィット感がすごく重要になってくるからです。たとえシューズと足の形が合っていたとしても、甲から足首にかけて紐をしっかり締めないと、プレー中に足が動いてしまってシューズにフィットしていない状態になりかねません。ですから、特に上のほうはしっかり締めてもらいたいなと思います。自分でしっかり締める練習というのは、プレーの練習と同じくらい重要なことかなと思います。店頭で試し履きをする場合、ちゃんと接客する店だったら、スタッフの方が紐をしっかり締めてくれると思います。そのときはすごくフィットして、いいと判断しても、実際にプレーするときに締め方が緩かったらもったいないことになってしまいます。お子さんでも自分で紐をしっかり締められることは重要なスキルのひとつであると思います。

鈴木コーチ　以前にバッシュの講習を受けたときに保護者の方がいっていたんですけど、店でソールを曲げたりしたら怒られるんじゃないかと思うとのことでした（笑）。

吉田　大丈夫だと思います。僕も店で講習会をやらせてもらっていますが、店のサンプルで結構ぐいぐいやっています（笑）。あとは履いちゃうのも手ですね。履いていれば何もいわれないと思うので、履いてみて、ソールが曲がるかどうかをチェックするのはひとつの手かと思います。

井上　私もしょっちゅうやっています（笑）。

吉田　バスケットは道具を何も使わない競技なので、基本的には自分の体とボールだけがプレーに直結することになります。ですから、シューズはすごく大事だと思います。特にジュニア年代にとっては、足の成長にも直結してくるところなので、シューズ選びは本当にしっかりやっていただきたいです。ネットで購入できる時代なので、口コミとかを見て、このシューズがよさそうだなと思って買うことも多いと思います。体ができていたら、それでも対応できるでしょうが、ジュニアの場合は体格も成長も千差万別なので、できる限り店頭でシューズを履いて選んでほしいです。プレーも体も100パーセント満足できるように成長してもらえたら、うれしいなと思います。

正しいフィッティング⑥

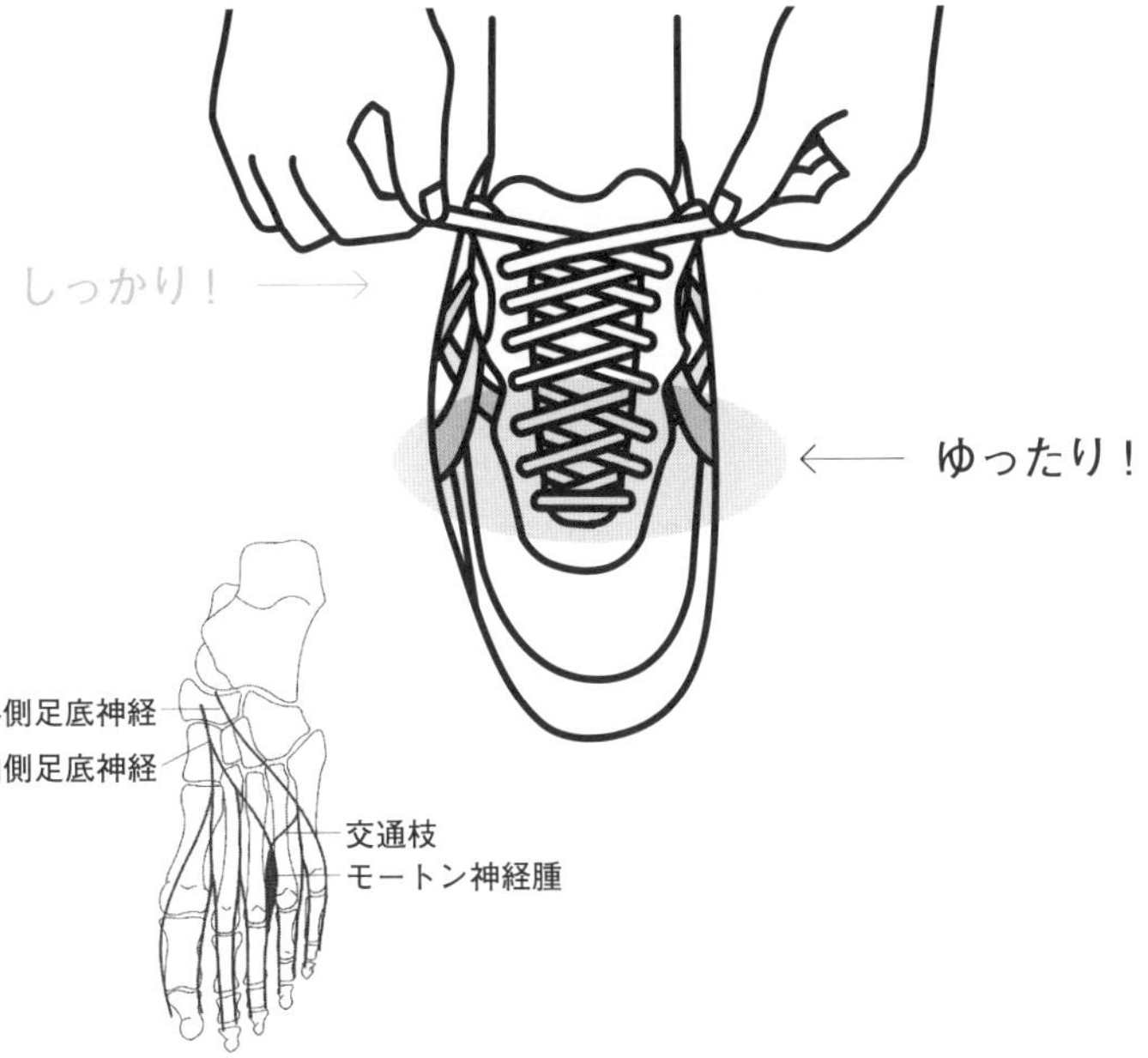

紐の結び方

骨格構造に従い、紐を締める

骨格構造に従い、前足部はゆったり、後足部はしっかり締める

第4章の習慣（まとめ）

24 シューズを買うときや試着するときはバスケット用のソックスを準備する

25 実際に足を通したら、かかとを靴の後ろに入れ込む

26 靴の底が正しい位置で曲がることがすごく重要である

27 ネットで購入できる時代だが、一度履いて軽く動いてみることが大前提になる

28 ソックスの2枚履きやシューズの中敷き抜きは避ける

29 靴紐の通し方はアンダーラップがお勧め。穴の下から上に紐を通す

30 自分で紐をしっかり締める。これはプレーの練習と同じくらい重要なことである

第5章

インナーって着用したほうがいいんですか？

スポーツメーカーに聞く・その2

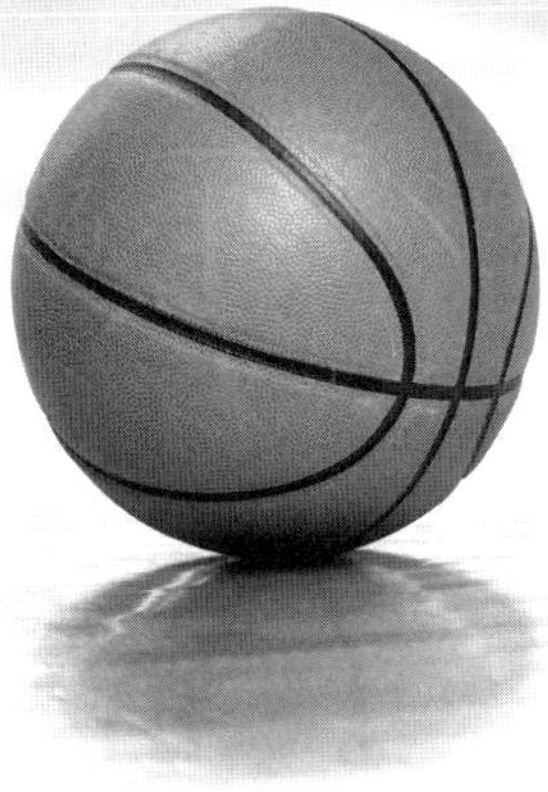

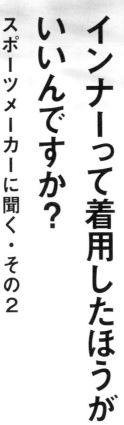

アシックスにシューズの話を聞いてから数日後、シューズ以外のギアについても知りたくなった僕は、友人のつてで、アンダーアーマーの担当者に会う約束をすることができた。アンダーアーマーといえば、男子日本代表のユニフォームを担当していた会社だし、BリーグやWリーグでもそのユニフォームをよく見る。シューズに関しては、NBAのスーパースター、ステフィン・カリー（ゴールデンステイト・ウォリアーズ）らが履いている。バスケットにも精通している会社のようだ。

鈴木コーチにその旨を伝えたところ、「ぜひ、行きましょう。アンダーアーマーなら、インナーのことなども聞けるかもしれませんね」と返ってきた。

「インナーか。そういえば、最近は男子でもインナーを着ている子がいますよね。娘がいるのに、インナーの話はまったくわからずにいました。知ろうともしていませんでした。アポイントをとっておきます」

そうして僕たちはアンダーアーマーを日本で扱っている株式会社ドームに行き、営業部の伊藤奈月さん（彼女は数年前までWリーグでプレーしていたらしい）、商品企画の松山ショーンさん、ブランドマーケティング部の小宮亮介さん、島田芽衣さんを訪ねた。

インナーを着用して怪我を防止する

父親　僕らが中学生の頃って男子がインナーを着ることはまったくありませんでした。でも、最近ではミニバスをはじめ、育成年代の男子でもインナーを着ている子を見かけます。男子でもインナーが必要になってきたんでしょうか？

伊藤　そうなんです。私はいま、高校から社会人までの男女のバスケットボールチームを担当して全国を訪問しているんですが、その中で聞こえてくるのが汗の悩み。インナーを着用せずにユニフォームを着ると、ウォーミングアップの時点でユニフォームがビシャビシャになってしまうことが多いんです。特に学生の場合、ユニフォームを1着しか持っていないので、前半と後半で着替えることはできません。後半になると滑っちゃうくらいの汗をかくことがあります。インナーは汗を吸う効果があるので、汗対策として着ることが多いのかなと思います。

父親　汗対策なんですね。

松山　アンダーアーマーの「ベースレイヤー」というコンプレッションウェアは吸汗速

乾なので、ウォーミングアップや練習の際にユニフォームがビシャビシャになりません。そして、防臭機能もついています。インナーを着用する理由としては、そのほかにもフィット感によって体幹をサポートしながらプレーできるという点があります。

父親　体幹をサポートするんですね。それがコンプレッションウェアを着たほうがいい理由でしょうか？

伊藤　はい。私は「運動すると筋肉は震える」という言葉を営業で使います。震えが大きい場合、疲労を感じやすくなります。でも、ほどよい圧着があると、筋肉の無駄なブレを防げるので、結果として、次の日に疲労を感じにくいといわれています。スパッツもそうなんですが、大きい筋肉は疲労を感じやすいので、そういった意味でも私はインナーを勧めています。それと、寒いときの話になるんですが、大きい筋肉は寒さを感じにくく、特にお尻とハムストリングスは温めているつもりでも温まっていないときがあります。そのまま運動すると、肉離れを起こしがちです。インナーを着たほうが体が温まりやすいので、その問題を解決できます。アンダーアーマーのコールドギアは、ワッフル構造といって、汗を発散させる一方で熱は出さない機能になっています。冬場は温まりやすく、かつ冷えにくいので、怪我の防止にもつながります。

父親　インナーにはそんな効果があったんですね。

スポーツインナーをつけるべき理由

ウォーミングアップなどで多量の汗をかくと、不快な状態のまま、練習を続けることになる。インナーには吸汗速乾効果があり、快適な状態を維持しやすい

「運動すると筋肉は震える」。震えが大きいと疲労を感じやすくなるので、体にフィットするインナーで震えを抑える

松山　アメリカの話ですが、昔はみんなコットンのTシャツやタンクトップを着用して、その上にユニフォームを着ていました。でも、コットンは吸汗速乾ではないので、濡れちゃうと重たくなって、肌にくっついていました。そこで、アンダーアーマーがコンプレッションウェアを市場に紹介したんです。アンダーアーマーはアメリカンフットボールからスタートしたんですが、そこからいろいろな競技に入って、いまではゴルフでもコンプレッションのインナーを着るのが当たり前になっています。バスケットでいうと、NBAの選手たちがどんどん着るようになって、一般の方々にも普及したという経緯があります。

父親　いまはユニフォーム自体にも吸汗速乾のイメージがありますけど、インナーを着たほうがさらにいいんですか？

松山　そうですね。コンプレッションは圧縮という意味で、結構きつめのフィット感です。筋肉を抑えて守る効果があるのでお勧めします。アンダーアーマーの最新のものは、「ラッシュ」というテクノロジーを採用することで体が発する熱エネルギーを遠赤外線にして体内に戻すという生地を使っているものがあります。この機能があるので、ウォーミングアップのときに体が温まってすぐにプレーできます。また、オーバーヒートを防ぎ、涼しく保つものもあります。ただ単に汗を吸いとるだけではなく、選手に最高のパフォーマンスを発揮してもらうために進化しているわけです。

父親　どんどん成長する子どもの年代でも、そうしたコンプレッションウェアやインナーが必要でしょうか？

松山　いまはまだ規模が小さいんですが、我々は必要だと考えています。お子さんが成長するにつれて、サイズを徐々に上げていくのがいいかなと思います。

父親　子どもたちの適性サイズについてはどのように判断すればいいんでしょうか？

松山　サイズ表を見るのはもちろんですが、動きやすさがポイントになります。着ているときに動きやすいかどうかを聞いてみてください。腕が上がらない場合は小さいということなので、そのサイズはやめたほうがいいでしょう。コンプレッションウェアは着て動けるようになっているので、動くことが難しいのであれば、サイズを変えなければいけません。慣れないことで最初は嫌がるかもしれませんが、1サイズ大きめを買ってあげるのもいいと思います。それでもコンプレッションの機能は十分にあります。

父親　コンプレッションウェアは店で試着できるものですか？

伊藤　店によって対応は違うかもしれませんが、試着できるところがあると思います。

父親　アンダーアーマーの直営店では試着できますか？

小宮　基本的にはできるはずですが、コンプレッションインナーに関しては、下に1枚着てくださいとお願いする場合があると思います。アンダーアーマーの公式サイト通販では、未使用品に限って7日以内の返品を受けています。サイズが合わない場合は返品していただいてサイズ交換することが可能です。

父親　コンプレッションウェアはぴったりしているので、着たり脱いだりするのが大人でも大変です。コツみたいなものはありますか？

小宮　僕はサッカーをやっていて、冬場によく着るんですが、まず重要なのは季節に合った素材を選んでいるかどうかです。アンダーアーマーでいうと、オールシーズン用のヒートギアと冬場用のコールドギアがあります。コールドギアのほうが、寒さに対応するということで生地がちょっと厚かったり固めだったりします。まずは適切な生地を選んでいるかどうかがポイントのひとつになります。

父親　最近は長いレギンスを履いている選手が多いようですけど、あれは加圧して動きやすくしているのでしょうか？

伊藤　選手によりますが、半分の選手はそういうことを意識していると思います。あとは汗がしたたり落ちるから履く、プロレベルになるとファッションで履くという選手もいます。テーピングをしている選手はテーピングがとれないようにする目的もあります。

スポーツブラで胸をしっかり守る

父親　ウチには娘がいるんですけど、女性のインナーは、やはりスポーツ用のものがいいんでしょうか？

伊藤　スポーツブラ（以下、スポブラ）のことかと思いますが、普通のブラとスポブラではサポート力がまったく異なります。選手にもよく話すことですが、胸の中には「クーパー靭帯」があります。膝や足首の靭帯は捻ると痛いですよね。でも、クーパー靭帯はコラーゲン物質でできているので、伸びても切れても痛みを感じにくいんです。サポート力のない普通のブラジャーでバスケットをやると、クーパー靭帯が伸びたり切れたりしやすいと思います。でも、スポブラはしっかり固定して伸びたり切れたりすることを防いでくれます。選手は引退したあとの人生のほうが長いので、きれいなバストをしっかり守るという意味でもスポブラを推奨しています。

父親　女性がスポーツをする上ではすごく大事になりますね。

伊藤　バスケットボールは激しいスポーツですが、細くて身長が高い選手が多いんです。

スポーツブラをつけるべき理由 ❶

バストを支え、
体への負担を減らす

バストは乳腺、脂肪組織、クーパー靭帯と呼ばれる線維の束でできている繊細なボディーパーツである。体のさまざまな部位は筋膜で支えられているが、バストには支えとなるものがない。ある程度の重さが、常に無防備に大胸筋にかかるような状態になっている。

最新の研究では、サポートをまったくしない場合、バストは上下だけではなく、8の字や前後左右にも動くことがわかっている。それらの動きを足すと、サポートされていない状態のバストは運動中に約15センチ動くことになるともいわれている※。スポーツブラを着用することで揺れを抑えれば、体への負担を減らし、パフォーマンスアップにつなげることができる。

※被験者のカップサイズによって異なる数字を報告している研究結果もある

失礼ない言い方かもしれませんが、そういう選手は胸が小さめな方が多いと思います。選手間や親御さんとの間で「あんたは胸がないから大丈夫」といった会話がよくされています。でも、実際はそういうことではないんです。胸はAカップでもみかん2個分くらいの重さがあって、そんな重さを抱えながらスリーメンをしたり、フットワークをしたりするわけです。そうなると、胸にどうしても負担がかかってしまいます。中学生だからいいということではなく、バスケットを始めたときから胸をしっかり守ってあげるのがいいと思います。

父親　スポーツを始めたら、すぐにスポブラを着用したほうがいいということですね。

伊藤　はい、そう思います。成長は人によって違うので、スポーツを始めた頃は胸がぺったんこの子もいると思います。それでもクーパー靭帯はすべての女性が持っているものなので、運動を始めたら着用したほうがいいと思います。小学生だとサイズがなかなかないんですが、そこはあるサイズを見つけていただきたいと思います。

父親　選び方のポイントはありますか？

伊藤　サイズの選び方としては、トップとアンダーのサイズをちゃんと測った上で、試着をしっかりやるのがいいと思います。胸がないといっている人はトップがないだけです。アンダーとの差をちゃんと見ていないことが多いので、そこをしっかり認識してほしいです。選手によって好みのサポート力が違うんですが、バスケットのような激しいスポーツの場合、アンダーアーマーでいうと、胸を覆う面が広い「ハイサポート」が人気です。さらしみたいな感じでサポート力が強いんですが、それが苦しいという選手もいます。そういう選手には「ミッドサポート」、それでも苦しいという選手には「ローサポート」を勧めています。

父親 自分の体に合ったものを選べるわけですね。

伊藤 興味深いのが、Wリーグでプレーするようなトップレベルの選手でも、ローサポートを着用しているケースがあることです。昔からバスケットをずっとやっていて、小さいときにスポブラを使わなかった場合は、慣れていないからと、ローサポートを着用することがあります。一方で、最近の高校生はハイサポートが多いんです。高校からWリーグに進んでそのままハイサポートを着用するというケースが結構あると思います。

父親 早いうちから慣れたほうがいいんでしょうね。

伊藤 私が女子バスケットの営業で使っている資料をお見せします。Wリーグのサポートチームの選手に協力してもらいながらつくっているんですが、対象は高校1年生とその親御さんです。スポブラを着用した経験がない選手のために、バストの構造やAカップでもみかん2個分の重さがあることなどを伝えています。それと悩みの部分。脇がず

バストの重量（両胸）

A カップ ▶ 140g ……………… 
みかん２個

B カップ ▶ 280g ……………… 
柿２個

C カップ ▶ 480g ……………… 
リンゴ２個

D カップ ▶ 760g ……………… 
グレープフルーツ２個

E カップ ▶ 1.1kg ……………… 
梨２個

F カップ ▶ 1.6kg ……………… 
小玉メロン２個

れちゃって夏場になると痛いという選手には、クロスバックブラ（後述）を使うようにアドバイスしたりします。この図（P183）もぜひ参考にしてもらえればと思います。

父親 女子の場合、スポブラを着用した上でコンプレッションウェアを着ているんですか？

伊藤 私は2枚着用を推奨しています。インナーは汗を吸ってくれる効果があるので、ユニフォームの下がスポブラだけだと、汗がどうしてもユニフォームに行きます。最近の選手はスポブラ、インナー、ユニフォームという感じですね。

父親 スポブラを含めて、廉価版のインナーをたくさん見かけます。アンダーアーマーのようなスポーツメーカーのものとそれ以外のものとの違いはどこにあるのでしょうか？

伊藤 「アンダーアーマーと大手衣料品ブランドではどっちの製品のほうがいいんですか？」とよく聞かれます。そもそもの仕様が違いますし、松山がさきほどいったように、アンダーアーマーの商品には吸汗速乾や抗菌防臭の機能がついていたりします。例えば、「アクティブブラ」という商品がありますが、汗をかく部分の胸の谷間と背中の部分がメッシュになっていて、通気性に優れています。そこにニキビができやすかったり、そこがかゆくなったりする選手がいますが、そうした細かい悩みにも対応できるようにこだわってつくっています。バスケットは手を挙げる動作が多いわけですが、「クロスバ

スポーツブラをつけるべき理由②

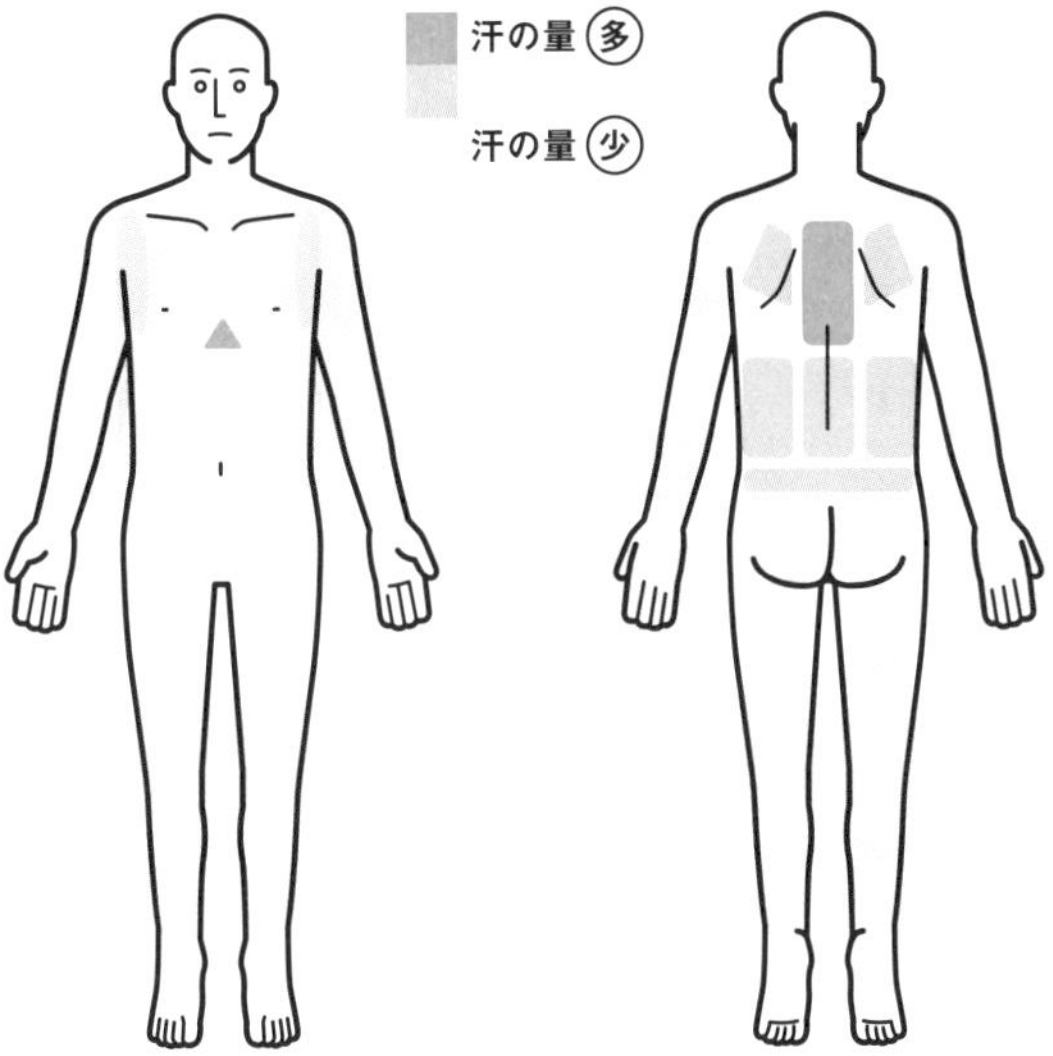

汗をかきやすい体幹部を快適に

人間は体に蓄積した熱を外に逃がすために汗をかくが、その量は多いときで1時間に2リットルほどともいわれる。また、一般的には胸や背中のような体幹部のほうが、腕などの末梢部よりも汗の量が多いとされる。女性の場合、バスト周りや背中上部などは全身の中で汗をかきやすい部位になる。吸汗速乾に優れたスポーツブラを着用することで、体にとって快適な環境をつくることができる。

出典：Smith C.Regional sweat rates in Humans. PhD Thesis in Loughborough University, 2009

ックブラ」というスポブラは、その動作を邪魔しないように、背中のところでクロスして肩甲骨が出るようになっています。アンダーアーマーではそういった工夫をしています。アンダーアーマーの商品を一度着用した場合、そのままずっと使ってくれることが多いです。

父親 最近はいろいろな商品が出ていますね。

伊藤 競技者向けだけではなく、スポーツを楽しむ一般の方向けの商品もあります。デザイン性の面でちょっとした違いがあったりもします。

最大限の力を発揮するために

父親 下半身のインナーについてですが、僕が学生の頃は「パワータイツ」と呼ばれていました。下半身のインナーにも機能の違いがあるんでしょうか?

伊藤 パワータイツに加えて、女性の場合、アンダーアーマーにはサニタリーショーツというものがあります。女性には月経があるので、そのときはサニタリーショーツを履いてください、それ以外のときはパワータイツを履いてくださいと説明しています。

父親　どのように違うのですか？

伊藤　簡単にいうと、サニタリーショーツは月経用のスパッツになっていて、月経用ナプキンをつけられます。どうしてこれができたかというと、女性のスポーツ選手に悩みを聞いたところ、「毎月の月経がストレスになる」との声が60％くらいあったからです。月経のときのストレスって、ナプキンが汗でずれたり、蒸れてかゆくなったり、痛くなったり、におったりと、いろいろあります。でも、学生だと、ハーフタイムのときに男性の監督に対して「ナプキンを替えに行きたい」とはなかなかいえません。そういった悩みを解決するために、サニタリーショーツは特別な生地にしています。ナプキンを織り込めるんです。一般的な下着はコットンなので、羽のところが濡れてずれちゃいます。でも、サニタリーショーツは試合を通してナプキンを固定できます。２０１３年に女子日本代表のインナーサプライを行ったときに、選手たちから「一番いい」といってもらえたのがサニタリーショーツでした。

父親　男性も着用するパワータイツは直に履いてもいいんでしょうか？

伊藤　そこは好みです。女子バレーボールの選手はみんな直接履くみたいですが、バスケットの場合は、その下に下着を履いている選手が多いようです。男子はどうですか？

松山　レギンスの場合はその下に普通のパンツを履いたり、コンプレッション用のショーツを履いたりすることが多いです。コンプレッション用のショーツはパンツ代わりに履くものです。コンプレッションフィットで吸汗速乾です。コットンではなく、メッシュ素材であるのが特長。熱を出す機能もあるので、プレーするときに熱さをあまり感じさせませんし、フィット感もあります。筋肉を守りたいのであれば、全身のレギンスがありますし、膝までのものもあります。コンプレッションのショーツは基本的にウエストからももの部分までちゃんとサポートして守りますが、さらに、その上にレギンスを着用することがよくあります。

小宮　サッカーでは、レギンスやスパッツを直に履いています。サッカーは足の動作なので、その妨げにならないようにしたいということで直接履いている方が多いんです。競技の特性や個人の好みで変わってくる部分かなと思います。

鈴木コーチ　小学校低学年のような小さな子どもでもパワータイツなどを着用したほうがいいんでしょうか?

松山　サポート面でいうと、スポーツを始めたときから体と筋肉をしっかりサポートすることがやはり大事になると思います。あとは慣れです。さきほどの伊藤の話にもありましたが、成長してから着用すると、慣れないので嫌がって、そのまま使わなくなったりもします。体や筋肉をインナーでサポートするというマインドを親御さんにも子どもさん自身にも持ってもらいたいと思います。スポーツを始めたら、こういったものを着用してプレーするのがベストだと考えます。もちろん、どんなスポーツでもTシャツとショーツでプレーすることができます。ただ、自分の最大値をそれで出せるのかというと出せません。だからこそ、競技専用のインナーがあるんです。コンプレッションウェアを小さいときからサポートとしてぜひ着てもらって、最大限の力を発揮してもらいたいと思います。

第5章の習慣（まとめ）

31 汗対策として
インナーを着る

32 ほどよい圧着があると、
筋肉の無駄なブレを防げる

33 インナーを着たほうが
体が温まりやすく、
怪我の防止につながる

34 スポーツブラで、
きれいなバストをしっかり守る

35 月経のときは
サニタリーショーツがいい

第6章

どのようにして子どもに接すればいいんですか？

メンタルトレーナーに聞く

子どもたちの体について、体をよりよくするための栄養について、さらには、よりよいパフォーマンスを発揮するほか、怪我を防ぐ要素もあるギアなどについて、それぞれの専門家から、さまざまな話を聞くことができた。

すると、鈴木コーチから「今度はメンタルトレーナーに話を聞いてみませんか？」と提案があった。ERUTLUCではメンタルトレーナーを呼び、セミナーを開いているという。僕はまだ受講したことがないが、例のペアレンツスクールで行っているのだろう。

スポーツをする子を持つ親としての姿勢はどうあるべきか？　十人十色の「親」観があり、答えはひとつじゃないと思う。でも、子どもたちがよりよいスポーツライフを送れるヒントがあるのなら、ぜひ聞いてみたい。

数日後、駅で待ち合わせた僕と鈴木コーチは、メンタルトレーナーの小林宏繁さんの自宅を訪ねた。小林さんは以前、自由学園でバスケットボール部の指導を行い、いまは「ファミリー・ファースト・ジャパン」という組織で活動しているらしい。

仲間外れにされないように生きている

小林　よろしくお願いします。メンタルトレーナーの小林です。U12からU15の子どもたちをケアしたり、鈴木コーチが主宰するクラブチームで保護者を対象とするセミナーを行ったりしています。

父親　保護者にもメンタルトレーニングを行っているんですか？

小林　メンタルトレーニングといっても難しいことではありません。子どもに対する親の接し方、とりわけ、子どもがやる気を出すような親の言葉かけについて、あるいは悩んでいるときにどういう言葉でどう関わったらいいのかなどについて話をしています。同時に子どもたちに対しても、自分で考えて生活できるように、家族との生活において自分で時間の管理をしよう、自分のことは自分自身できちんとできるようにしようと発信しています。つまりは自立のすすめです。

父親　子どもの自立は親が向き合わなければいけないところです。でも、僕が子どもの頃は、メンタルがどうとか、ストレスを抱えているとか、そういう感覚をあんまり持っていませんでした。いまの子どもたちはメンタルトレーニングをしなければならないようなストレスを抱えているんでしょうか？

小林　かなり抱えています。例えば、子どもたちはいくつかのグループに属していて、そのグループの中で仲間外れにされないように周りに合わせて生きていこうとし、また、同調圧力の中で屈しないように生きていこうとしています。それはとても難しいことでストレスになります。つき合いたくないと思っている人ともうまくやっていかなければなりません。そのためには、みんなの中で笑顔をつくって「そうだよね」と周りに合わせることになりますが、それは大変なストレスだと思います。別のストレスもあります。スポーツクラブに通う子どもに対して、おとうさんやおかあさんはとても大きな期待を寄せます。そういう親が練習や試合でうまくできなかったときに「何をやっているんだ！」というと、子どもは「ちゃんとできないと自分は認められないんだ」と思ってしまい、最初に話したストレスとは異なるものがたまります。そのような子どもの状況や背景を十分に理解してどう関わったらいいかを学ぶ必要があります。

父親　親の期待が、ときと場合によっては子どもたちにストレスを与えるのか……。ウチの子は大丈夫だろうと思っていても、実はそんなことはないんですね。

子どもがやる気を持てるサポートをする

父親　スポーツをする子どもを持つ親の役割って何でしょうか？　子どものスポーツに親はどう関わればいいんでしょうか？

小林　一言でいうなら、親はどんなときでもサポーティブな立場で関わらなければいけないことを自覚しなければなりません。スポーツでは勝ち負けがはっきりします。選手同士の優劣もはっきりとわかります。そして、親が自分の子どもに持つ期待値と子どもの実際のパフォーマンスとの間にギャップがあれば、どうしても、親は期待通りになるように自らの願望を押しつけてしまいます。期待値が高いと、何とかそこまで到達してほしいという思いが高じて、「ああしろ、こうしろ」と指示します。バスケットならば、「そこでシュートを打つな！」といった命令も出てきます。結果に対して自己評価を問いかけるのはいいんですが、それが子どものやる気に結びつくように関わることが大切になってきます。やる気を失ったり、場合によってはチームを去りたいと思ったりするようなネガティブな関わり方はよくありません。子どもに直接

主体的な行動を妨げるメカニズム

「自分が自分の主」となる

▼

自ら考え、選択し、
コミットし、行動し、責任をとり、
リフレクションできる人

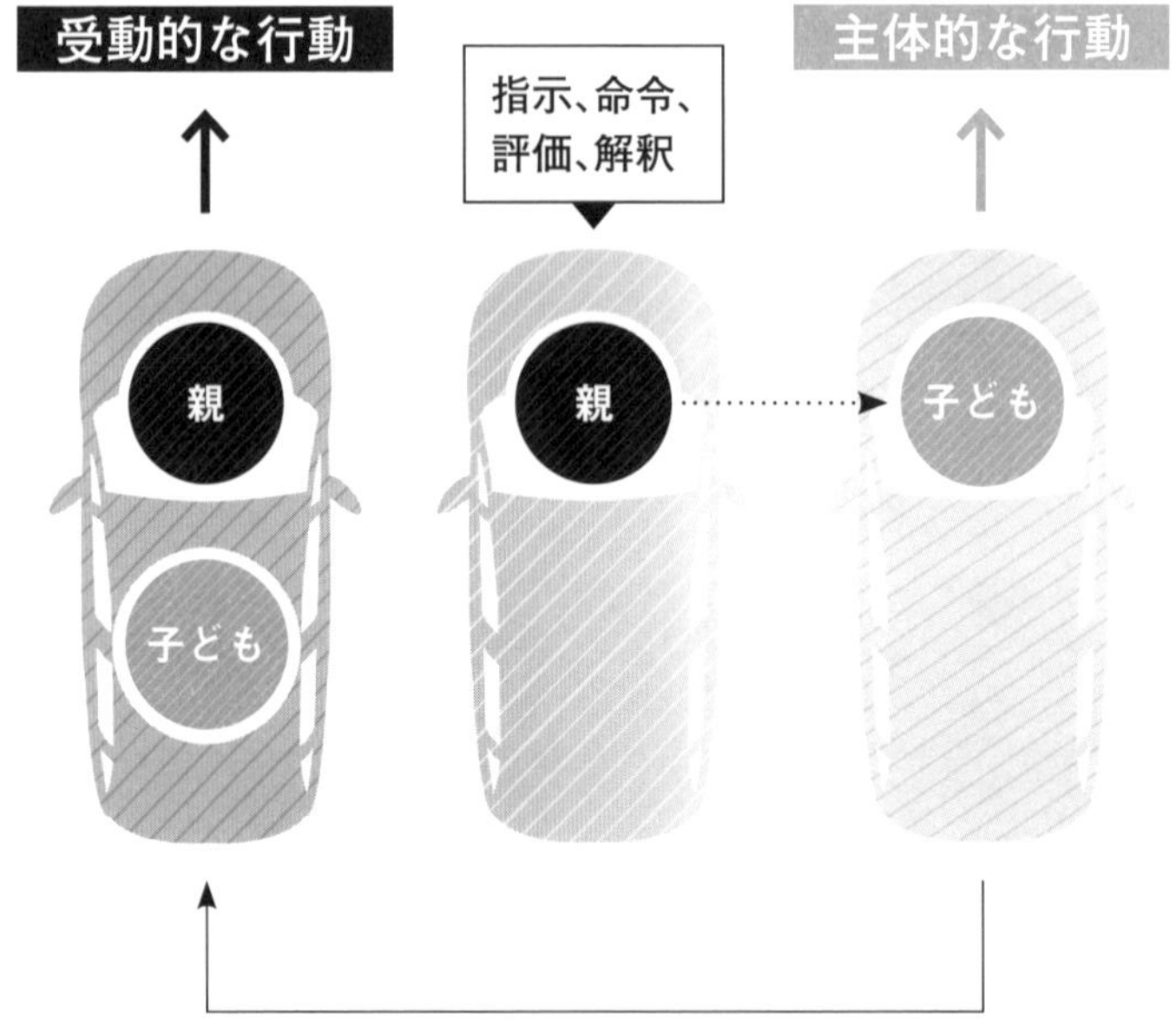

はいわないまでも、「あのとき、あの子があんなシュートを打ったから負けたんだ」といった言葉を保護者同士がささやき合うことやSNSで会話することもよくあります。

父親　ついつい、そういっているかもしれません。

小林　これはみなさんに親子の関係について考えてもらう図です（P196）。「3台の車」があって、子どもが自分で運転席に座ってハンドルを握っているのが右の車です。免許証がどうこうといった、法律のことは考えないでくださいね（笑）。ある場面で、親が子どもに向かって「方向が違うだろう」と横からいったとしましょう。「そっちじゃない。こっちだろう」と。それが真ん中の車です。子どもがいう通りにしないので、そのうちに親自身が運転席に座って自分が思うようにハンドルをコントロールしようとします。それが左の車です。親だけでなく、コーチも同様ですが、日常生活を含むさまざまな場面でそういうパターンを繰り返すと、子どもは、親やコーチのいうことを聞く受動的な行動をとるようになります。すなわち、自分で考えたことではなく、いわれた通りにするようになります。バスケットでいえば、「ここでシュートを打ってもいいのかな」と不安な気持ちになって、結果的にシュートを打たないのです。「ここでドライブしたらいいな」と考えても、「失敗したら何をいわれるかわからない」とのおそれから、ドライブをしない選択をします。そんな風景を多くの試合で見かけます。そうした不安やとまどいは、フリーのレイアップシュートでさえも落としてしまうようなプレーにつながります。

父親　大人の評価、指示、命令が子どもたちのプレーにとまどいを生んでいるということでしょうか？

小林　はい。私はコーチとして、小学生から大学生までの試合を40年近く見てきましたが、そういった場面に幾度となく遭遇しました。あるとき、強いといわれていた中学校の女子チームが終盤に逆転されて負けました。試合後、体育館の外で監督が選手たちにいろいろといっているわけです。私はたまたま近くにいたため、その会話が耳に入ってきました。監督の言葉は選手の心に刺さるようなものばかりでした。子どもたちは下を向き、ひとりは泣きじゃくっていました。監督が話し終わってそこから離れると、子どもたちはお互いを慰め合いました。そして、監督に対する心ない言葉がたくさん聞かれました。私は、この子たちは監督のいいなりになっていないと試合には使ってもらえないんだなと思いました。監督のいう通りにできなかった自分に対してダメな選手と感じて泣く子どもを見て、とても残念に思いました。しかも、その試合を見ていた保護者のみなさんがコートに投げかける言葉もきついものばかりでした。

それを見た私は、とても複雑な思いにかられたことを思い出します。

父親　大人としては叱咤激励したつもりでも、子どもたちはそう受け止められなかったんでしょう。子どものときの僕自身も同じように感じたことがあったかもしれません。

小林　そうですね。エピソードがもうひとつあります。私が中学校で男子の監督として試合をやっていたときのことです。対戦相手の監督がコートに向かって、同じように心に刺さる言葉をずっと大声で発していました。タイムアウトをとった際、ベンチに戻ってきた私のチームのある選手がいいました。「先生、この試合はぜんぜん面白くありません。相手の監督はどうしてあんなことをいうんですか?」と。対戦相手の子どもたちとしても、試合をしていて面白くなかったわけです。試合って勝つことだけではないということを学ぶ場面になったようです。

父親　監督の言動が相手チームの子どもたちまで苦しめていたんですね。

小林　はい。それを聞いたとき、指導者として子どもたちにどう関わればいいかを私自身も改めて考えさせられました。コーチのエピソードになってしまいましたが、これは保護者のみなさんにもいえることだと思います。どういうサポートをすれば子どもたちが楽しくやる気を持てるのかを考えてほしいと思います。自省を込めて明かしますが、私もかつては心に刺さる言葉を発する監督でした。でも、ふたつの異なる時代、すなわち、コーチや親のいう通りに子どもたちにやらせる時代と、子どもたちが自分で考え、助言を生かしながら決断してプレーする時代を私自身が経験し、内省しました。子どもたちをどう育てたらいいのかを深く考えるきっかけになったんです。子どもたちが主体的に考えて実践すれば、ミスは当然起きます。もちろん、不注意によるミスはできるだけしないほうがいいでしょう。でも、自分でやろうとしたことはどんどんやったらいいと思うんです。保護者やコーチにとって大事なのは、それをきちんと理解し、承認してあげること。ミスになったとしても、やろうとした意思を尊重したいですよね。そして、そのプレーをよりよくするにはどうしたらいいのかについては子どもたち自身が考えるべきで、もし足りないところがあれば、大人が支援的なアドバイスを与える、そういう流れが大切なんです。そうすることによって、子どもたちは自分でまた考え、自分たちで協力してチームをつくり、試合を進めていきます。そのほうが楽しいですし、たとえ負けたとしても、子どもたちの心に残るものがいくつも生まれるはずです。

選択肢を持っているのは親ではなく子ども

父親　僕には小学校4年生の娘がいて、鈴木コーチのスクールに入っています。そのスクールは選択制で、4年生になるときに、上の高学年クラスでチャレンジするか、3年生以下の低学年クラスでそのままプレーするかを選べるシステムになっています。娘は週1回のそのスクールでしかバスケットをやっていないので、周りの同級生たちに比べて技術的に劣ります。それが理由で、高学年クラスに進むことに二の足を踏んでいます。僕は「上のクラスに行って揉まれたほうが上手になるんじゃない？」と提案しました。でも、娘としては、上のクラスでみんなについていけるかどうかがやはり不安のようです。これって、さっきの「3台の車」の話でいうと、「真ん中の車」になってしまっているんじゃないでしょうか？

小林　リアルですごくいい質問だと思います。ただ、提案なので、押しつけではないですよね（笑）。仮に私が親だとしたら、子どもがどういう思いを持ち、それを親としてどこまで理解できているのかをまず考えます。同じ学年でプレーしているときに満たされる心の充足感に対して、上のクラスに行っても同様の充足感を得られるかどうかが肝心です。それが子どものやる気に影響してきます。選択肢は子どもが持っているわけで、親が選んでしまうと左の車になってしまいます。そんなときは、娘さんが前向きにチャレンジする気持ちを持てるような「よし、やってみるか」といった感じの言葉のかけ方、応援のやり方、サポートのやり方ができれば、もしかすると、上のクラスにチャレンジする可能性が出てくるかもしれません。

父親　子どもたちの気持ちは親の応援のやり方次第で変わるんですね。

小林　この事例では大切な役割を担う人物がもうひとりいます。コーチです。親としては、チャレンジしてほしいと思うけれども上のクラスに上がってやっていけるか、途中で諦めたり、心が折れたりして、上のクラスは嫌だという消極的な気持ちにならないかといったことを心配します。ただ、そのあたりのことはコーチがしっかり見てさえいれば、子どもの能力的なこと、メンタル的なこと、友だちとのコミュニケーションのとり方といったところはだいたいわかっているので、アドバイスしてくれるのではないでしょうか。

父親　上手か下手かだけではない別の視点も必要になるんでしょうね。

小林　はい。子どもたちは練習の中でお互いに関係を持っていますが、上のクラスでもその関係をきちんと持てるかどうかがすごく大切になってきます。子どもたちがどんなところに充足するのかといえば、上手、下手といった技術的なことのほかに、友だちとどこまで関わりを持てているかという部分にも感じるんです。それらを総合的に判断する必要があります。技術的なところで劣るとしても、関係がうまくとれているのであれば、上のクラスでその子を支えてあげようという考えが出てきたりもします。「技術的に上手じゃないから、下のクラスがいい」といった見方ではなく、「こういう風に考えたほうがいい」との助言を与えることができれば、その子は上のクラスでもやっていけるかもしれないと感じる可能性があります。自分でハンドルを切って、上のクラスでやってみたいと思うかもしれません。総合的に判断する上での一番大事な点は、子どもにとっての心の充足感がどこまで満たされるかだと思います。

鈴木コーチ　親が子どもを見る視点はひとつのベクトルに集約されがちですけど、そこにコーチ、親、友だちの観点が入ると、冷静に判断することができます。コーチの目線からは、その子がバスケットにどれだけ夢中になっているかがわかるでしょう。視点を増やすというのは大事なアドバイスだと思いました。

父親　親にしてみれば、自分の子どものことはわかっていると思いがちです。でも、ほかの人の視点を持つのも大事なんですね。

安心して話せる環境を家庭でつくる

小林　これは中学校の女子テニスの話なんですが、ある選手と1対1のラリーをするときに、その選手の自分に対する評価が言葉や態度に出るといいます。自分が虐げられているというか、あまりいい気持ちをしない態度を見せるので、とても苦しいと。ラケットをバンと叩いたり、変なところにボールを打ったら「何なの？」みたいな態度をとったりするらしいんです。でも、その子は相手の子に面と向かってはいえません。相手の子はその子よりも2歳年下ですが、実力的に同じくらいなので、一緒に練習しているそうです。その話を聞いて、「そういう苦しいことはほかにもあるの？」と質問したところ、「学校のクラスでもある」といいます。クラスで仲良くしているAさんという子がいるんですが、ほかの友だちがAさんのいないところでAさんの悪口をいうそうです。それを聞いていると、苦しくて仕方がないと。「家でも学校でもテニススクールでも苦しくて。こんなこと、先生に初めて話しました」といいます。「いままでずっと我慢していたの？」と聞くと、「そうです」と。そんな気持ちでスポーツをしていたわけです。練習が終わったあとも嫌だなと思いながら家に帰ります。そして、あの仲間たちのところに行くのは嫌だなと思いながら登校します。ですが、テニスは好きなので、とにかく我慢してプレーします。そういう子どもの気持ちを親も周りの友だちもわかっていません。

父親　小林先生はどう対処したのですか？

小林　親御さんと話をしたんですが、ストレートにいうのではなく、「ご両親の態度や言葉を娘さんがどう受け止めているかわかりますか？」と尋ねることから始めました。こちらからこうしてくださいというアドバイスはしませんでした。問いかけることによって自分の言葉や態度を深く見つめてもらい、そこから、適切な言葉や態度に気づいてもらえればいいと考えました。しばらくして、「最近、おとうさんとおかあさんはどう？」とその子に聞いたところ、「少しずつですけど、言葉が乱暴ではなくなってきました」とのことでした。子どもを中心とする環境をつくる必要があります。親だけではなく、コーチもメンタルトレーナーの私も、その子の気持ちが満たされて、自分の気持ちをいろいろなところで表せる、安心して話せるという環境を常につくっておく必要があるんです。おとうさんにもおかあさんにもいろいろなことを話せる家庭環境があるかどうかは、子どもにとってとても大きなことです。おとうさんにはいえないけれども、おかあさんにだけはいえるというのでもいいでしょう。できれば、おとうさんにもおかあさんにも直接聞いてもらっているという親子関係が、子どもにとってはものすごく大切だと思います。

父親　それができているつもりだとしても、そうした話を実際にすることは夫婦間でも子どもたちとの間でもないので、わかりにくいところかもしれません。

小林　そうですね。以前、鈴木コーチが主宰するチームに「ワンチームになる秘訣」の話をしました。この「ワンチーム」を「まとまりのある家族」に置き換えるといいと思います。その第一歩としては「肯定的な心の態度」が求められます。これは、子どもがおとうさんに対してもおかあさんにも対しても安心して話せる環境があれば、両親としても、指示、命令、評価ではなく、非常に支援的な対話が子どもに対してできるということです。すると、お互いにわかり合える、すごくいい関係ができ上がっていきます。子どもとしては、情緒的に初めて満たされて、おとうさんやおかあさんに頼っていいんだ、おとうさんやおかあさんは助けてくれるんだ、励ましてくれるんだと思えるわけです。家族の中で子どもが親に守られる、そういうことを担保してくれる家族のあり方はいいなと思います。

子どもの感情に寄り添って聞く

父親　子どもからすれば、親だからこそいいたくない、心配をかけたくないからあまりいわないということがあると思います。心を開いてほしいと思って接しても、子どもがいいにくいという場合、親としてはどのように受け止めればいいんでしょうか？

小林　それはよくある話です。子どもとしては、自分がそれまでにいってきたことを親がどこまで聞いてくれたかがそこにすごく影響してきます。子どもは、それまでの関わり方で親との関係を学んでいるので、その学びの中からこれをいったら心配するだろうな、何かいわれてしまうだろうなと思うわけです。あるいは、これをいったら、回り回って担任の先生が知ることになるんじゃないかと考えたりもします。ときとして子どもが解決しなければいけないクラスの問題を親が横どりしてしまったり、親のところで解決して「あの子はこうだ」といったりしますが、子どもとしては、友だちのことをいわれるのはすごく嫌なんです。すると、親にはもう話したくないとなります。

父親　わかる気がします。そういうときはどうするべきなんでしょうか？

小林　子どもはそれでも知ってほしいと思っています。心配はかけたくないけれども、いいたいという心理を親がどこまで理解するかです。子どもにどういう言葉をかければ、子どもはいってくれるのかというところですね。子どもが思っていることを聞き出そうとすると、子どもは口を閉じてしまいます。子どもに言葉を投げかけて、子どもが自分の思いをぽろっとひとかけら話したときに、それを上手にすくいとることが重要です。「そこを心配しているんだね」と親が共感的な言葉かけや態度で接すると、子どもは嫌がらずに徐々に話し始めます。子どもの感情を受け入れた上で、「人にはいえないほどの辛い思いをしていたんだね」と寄り添ってあげるんです。子どもの気持ちを繰り返しながら、あるいは代弁しながら、「気持ちがわかるよ」と一緒に横に立ってあげることが子どもにとってはいいんです。子どもの正面に立って聞くのではなく、横に座ってあげるんです。一緒の方向を向いて肩を寄せ合うだけで、ときには肩を叩くだけで、子どもはとても安心します。

父親　悩みの中身を聞き出すというよりも、子どもの感情に寄り添うことが大事なんですね。

小林　そうです。子どもの感情がわかったら、命令や指示をするのではなく、どう考えているのかをそのときの状況、背景、心情をまじえて聞いてあげるんです。子どもの考えはもしかすると大人の評価とはかけ離れているものかもしれません。足りていないものかもしれません。そうなると、「こうしたほうがいいよ」といったアドバイスが喉元までつい出てくるものです。でも、それはちょっと置いておきます。親の考えはひとまず置いておくんです。そして、話の中盤から最後のほうにかけて話が詰まってきたとき、自分でもどうしたらいいのかわからないところまできたときに、「おとうさんだったらこうするかなあ」と親の気持ちを伝えるんです。この「おとうさんだったら」、「おかあさんだったら」というメッセージでいってあげると、「おとうさんならこうするんだな」、「おかあさんならああするんだな」と気づくヒントになって、自分自身で考え始めます。そういうアプローチができるといいと思います。

「でも」という言葉は絶対に使わない

父親　親になると、ついアドバイスしたくなります。話の途中なのに、「でも、こういう考えもあるんじゃないか？」といいたくなってしまいます（苦笑）。

小林　私は「でも」という言葉は絶対に使ってはいけないと思っています。子どもの考えを否定することになるからです。そういう場合は「おとうさんはこういう考えなんだけど、そういう考えをどう思う？」と聞いてあげます。子どもは、それをヒントにして、こうしたほうがいいのかな、ああしたほうがいいのかなと、自分の考えの少し先まで広がりを持って考えることができるようになります。

父親　バスケットでも、「こうしたほうがいいんじゃない？」とついいいがちですけど、まずは子どもに自分で考えさせるわけですね。一方で、子どもたちとしては自分が何の選択肢も持っていないことがあります。ただ単に「考えなさい」といわれても何を考えていいのかわからず、それでも動き出したときに、「考えていないじゃないか」といわれてしまうケースがよくあると思うんです。最近は「考えなさい」という言葉にも気をつけなければいけないと思っているんですけど、そのあたりを先生はどう考えますか？

小林　親が「考えなさい」という場面は確かにあります。ある状況で「考えなさい」といった場合、おとうさんとしては「何をどう考えればいいのか」の答えがすでに出ているわけです。ただし、おとうさんが目をつけている場面と子どもが見ている場面は違います。例えば、ディフェンスの際に自分の見えていないところから情報を得ようと思っても得られませんよね。ところが、コートの外からだとブラインドサイド（見えていないところ）が見えるんです。プレー中の子どもに入ってくる情報はブラインドサイドの情報とは違うわけです。つまり、どうしてそういう考えや判断をしたのかを聞かなければ、子どもの状況判断はわかりません。それを理解した上で、「ここを見ていたら、こうしたほうがいいと思うんだけど」といった助言であればいいんです。親が見ているところに子どももきちんと視野を置けているかどうかなんです。置けていないのであれば、「ここを見たら、どう判断すると思う？」とか「もう少しスタンスを正しくとっていたら、この状況が見えたよね」といったアドバイスができるかもしれません。「こうしなさい」とはいわずに、「このポジションにいたら、この状況が入ってくるよ。そしたら、どう動く？」と問いかけるんです。バスケットのプレー経験がある親御さんであれば、そのあたりのアドバイスは適切にできると思います。私がコーチをするときに大事にしているのは、そのプレーヤーの視野のとり方です。そのときどこを見ていたかということです。そうすれば、「なるほど、この子はあの状況は見ていないな」といったことがわかります。見ていないのに、こっちがいくらいってもわかりません。いい判断はできません。

どう育てたいか、その思いを共有する

鈴木コーチ　子どもが育つ上ではどんな大人に出会うかが重要だと思います。昔だったら、おかあさんがひとりで子どもを育てていたとしても、近所のおじちゃんやおばちゃんが協力したり、親戚づき合いがあったりで、関わる大人が多かったと思います。一方で、現代のように親戚づき合いが少ないと、スポーツのコーチは子どもが出会える数少ない大人のうちのひとりになります。そういう意味でいうと、保護者としては、どんなコーチに預けるかがチーム選びのポイントのひとつになると思います。

小林　一番大切なところですね。バスケットはチームで動くので、おかあさんひとり、あるいはおとうさんひとりだとしても、周りの保護者やコーチ陣との横のつながりによって、支援的なチームづくり、ほかの子どもたちともお互いにいい形で関われるチームづくりをするべきだと思います。そのためには、コーチと保護者がコミュニケーションをしっかりとる必要があります。そうすることで、結果として、子どもたちを指導するコーチにとって、親がものすごく大切なサポーターになります。ですから、親御さんを孤立させてはいけませんし、そのためには、コーチや周りのおとうさん、おかあさんたちが相互に配慮しながらやっていくことが重要だと思います。

父親　保護者はどのようにしてコーチとコミュニケーションをとるべきだと考えますか？

小林　親御さんがどういった思いを持っているのかについて、コーチとの間で丁寧に対話するところから始まると思います。自分の子どもをどのように育てたいと思っているのかも、コーチに知ってもらいます。一方で、チームがどういうビジョンを持っているのかも大事になります。子どもを育てる際に一番大事になるのは、その子どもをどのように育てたいと思っているかを保護者とコーチが共有することだと思います。親として何ができるかをコーチに話し、コーチは何を指導したいか、そのためにどう関わるかについて伝えるんです。コーチは子どもにとっていいロールモデルになります。コーチと保護者がこのように連係することは稀ですが、とても大事だと思います。つまり、相互の対話によって、求めていることをわかり合うのが大切なんです。

父親　子どもをどう育てたいかが大事という話ですけど、元気に健康に育ってくれればいいと何となく考えています。親としてどう育てたいかについて、ある程度言語化しておいたほうがいいんでしょうか？

小林　はい。これからの社会がどうなるのか、その中でどんな生き方が求められるのか、そのためには自分の子をどのように育てるのが大切なのか、そのビジョンを持つことが大切になると思います。現代を含めた今後の社会は混沌としていて、どんなことが起きるか本当にわかりません。アメリカの場合はどんどん保護主義になって国の中が分断され、人種差別が表面化しています。日本でも、民族が違う、人種が違う、宗教が違う、食べ物が違うといった差別がこれから起きてくる可能性がすでにあります。そういう中にあっても、自分たちの社会をきちんとつくっていくことが私たちには求められます。しかも、それが子どもたちの幸せと直結するものと考えれば、子どもたちがひとつの考え方の土台をしっかり身につけることがすごく大事になると思います。子どもに対するおとうさんやおかあさんの適切な関わりが、両親に全面的に受け入れられているという、子どもにとっての安心した実感につながります。また、そうした感覚を得られれば、自分自身に自信を持ったり、自分自身を肯定的に受け入れたりすることにつながります。同時に、自分とは考え方も能力も違う仲間がいた場合でも、それでもひとつのチームの一員としてやっていこうと思うことができます。お互いの違いを認め合うことによって生まれる関係へと発展していくでしょう。自分を大事にし、仲間も大事にすることができるようになるわけです。それこそがスポーツ

ワンチームになる秘訣

まとまりのある家族のような
コーチ、子ども、保護者の
三者関係

教育だと思います。人間として、そうした資質が考え方の土台にあれば、どんな問題でも解決できると思います。

言葉だけで人格を形成することはできない

父親　小林先生は「違いは間違いじゃない」という言葉を使っています。でも、それって子どもたちの感覚ではまだわからないかもしれません。ウチの子が通う小学校は学年の3分の1くらいが中国人なんですけど、「いまはグローバルな社会でいろいろな人たちがいるから、人種なんて関係ないんだよ」と子どもに話すことが必要なのか、それとも子ども自身が自分で理解していくのを見守るべきなのか、どちらがいいんでしょうか？　スポーツとは直接関係ない話かもしれませんけど、親としてそこまで踏み込んでもいいんでしょうか？

鈴木コーチ　最近は私のスクールにもいろいろなバックグラウンドを持った子どもたちが入会してきます。差別などはないともちろん信じていますけど、保護者がどう関わるかは重要な問題だと思います。

小林　私は、親としていい形で踏み込むのであればかまわないと思います。言葉だけで人格を形成することはできません。教訓的なことやライフレッスン的なこと、つまり有名人の名言などを聞くと、「なるほど、そうだな」とそのときは思います。でも、それだけでは人格は育ちません。人格は人格でしか育てられないと思っています。例えば、中国人の友だちを自分の家に連れてきたときのその子に対するおとうさんやおかあさんの態度で示すしかありません。違うことを尊重しながらその違いをきちんと認める態度がおとうさんとおかあさんの中にあれば、子どもはそういう子どもたちとも安心して通じ合えます。クラスの中で何か問題が生じて、結果的に「日本人対中国人」のような構図になったとしても、国籍の違いで話し合うのではなく、差別的ではない態度でお互いにひとりの人間としてきちんと尊重し合えれば、子どもたちは自然と発言できるようになると思います。最近の子どもたちの親に対する不満の中に、「おとうさんとおかあさんはいっていることとやっていることが違う」というものがあります。いいことをいうが、やっていることは違うと。それでは子どもは育ちません。親が有言実行すると、子どもは納得します。私がいい形で踏み込むのであればかまわないんじゃないかという理由はそこです。

鈴木コーチ　大事なテーマになりそうです。いうだけや見守るだけでは子どもの人格形成にはつながりません。

きちんとした習慣を自ら身につけさせる

鈴木コーチ　子ども同士のSNSに関する相談を保護者から受けることはありますか？

小林　あります。最近は小学生でもスマホを持っています。スマホって何でも見られますよね。あれは子どもに「スマホ中毒になりなさい」といっているようなものです。いろいろなアプリがあって、私たちには想像もつかないような世界に子どもたちは入っていきます。どっぷり浸かっちゃうと、そこから引き出そうとしても引き出せません。

子どもたちがそういうところで足をすくわれないようにするには、自分自身で時間をきちんと管理できるような習慣を身につけることです。普段の生活では、学校から帰ると塾に行き、宿題もあります。寝るまでの間に入りきらないことがたくさんあるわけです。そこにスマホの時間まで加わった場合、誰だってまずはやりたいことをやるので、やらなければいけないことが全部あと回しになります。何が大切なのか、いまは何をするべきで何をするべきではないのかについて、子どもが見極められるようにきちんと導かなければなりません。そこを考えれば、ウチの子にはまだスマホを渡さないほうがいいな、この子は宿題だけで精一杯だから、塾には行かせずに宿題をきちんと提出できるような生活スタイルにしたほうがいいな、この子は睡眠時間が8、9時間必要だから、夜はこの時間に必ず寝て、朝は自分でしっかり起きられるように育てたほうがいいなといった具合に、与えるか与えないかについて、いろいろと気づけるはずです。自分の時間を自分で管理することは、心のトレーニングとしてもものすごく大事になります。

父親　ウチの子たちはまだまだです。いわれなければ寝ようとしませんし、起きられません（苦笑）。

小林　きちんとした生活習慣を自ら身につけた子は、スマホがあっても、テレビを見ていても、自分でスイッチを切って机に向かいます。1年くらいかければ、そういうことができるようになります。「いつまでテレビを見ているんだ」と親がいって子どもが受け入れても、それは指示命令なので、子どもが自分で考えて自分の時間を使っているわけではありません。「わかったよ」といってスマホをポケットに入れて自分の部屋に入ったら、スマホを出してSNSの返事を書いたりするでしょう。すると、寝る時間がなくなります。真っ暗な布団の中でスマホの画面だけが明るくて、おとうさんやおかあさんが来たら、サッと隠すわけです。小学生や中学生の年代でそれを覚えてしまうと、勉強なんてもうそっちのけで、しっかりした生活管理はできなくなります。自分が持っている時間の中で優先順位をしっかりつけて、やるべきことをやるということができたときに初めて、自分がやりたいことを残りの時間にどう入れ込んでいくかを一緒に考えましょう。親がルールを押しつけて子どもに守らせるのではなく、子ども自身がルールをつくるように導くのです。それができるようになれば、親が見ているか見ていないかに関係なく、「いまはスマホをいじるのをもうやめよう」という行動を自らとるようになります。そう導くことが親としてものすごく大事になると思います。実際にそれができる子どもは何人もいます。

鈴木コーチ　スポーツはそうしたことを学ばせるいいツールになります。バスケットを通じて、自分で考えたり、自分で判断したりする経験をたくさん積めます。それなのに、親がスポーツの現場でさえも「打て」とか「走れ」などと指示しているようでは、親としてのいい関わりとはいえません。

「ベターアスリーツ、ベターピープル」

小林　子どもを素晴らしいアスリートに育てること、ちゃんとした人間に育てることは、スポーツ教育において最も大切なポイントになると思います。それを表す言葉として、アメリカのＰＣＡ（Positive Coaching Alliance）を創設したJim Thompsonが「ベターアスリーツ、ベターピープル」と唱えています。この図（Ｐ２２２）を見てください。子どもがコーチの周りに集まり、その周りに親がいます。これは３つの柱（Ｐ２２３）のもとに３つの関係が密接に関わっていることを示したものです。３つの柱とは「ミッション」、「ビジョン」、「バリュー」で、３つの関係とは「コーチ」、「子ども（選手）」、「保護者」です。つまり、この図は「素晴らしい競技者であり、なおかつ人間としてもしっかりしている選手（ベターアスリーツ、ベターピープル）」を育てるには、３つの柱のもとに３つの関係が密接に関わってひとつのチームをつくり、そして育てることがとても大切であると示しているわけです。

父親　少し使い古された感がありますけど、それこそが「絆」だといえますね。

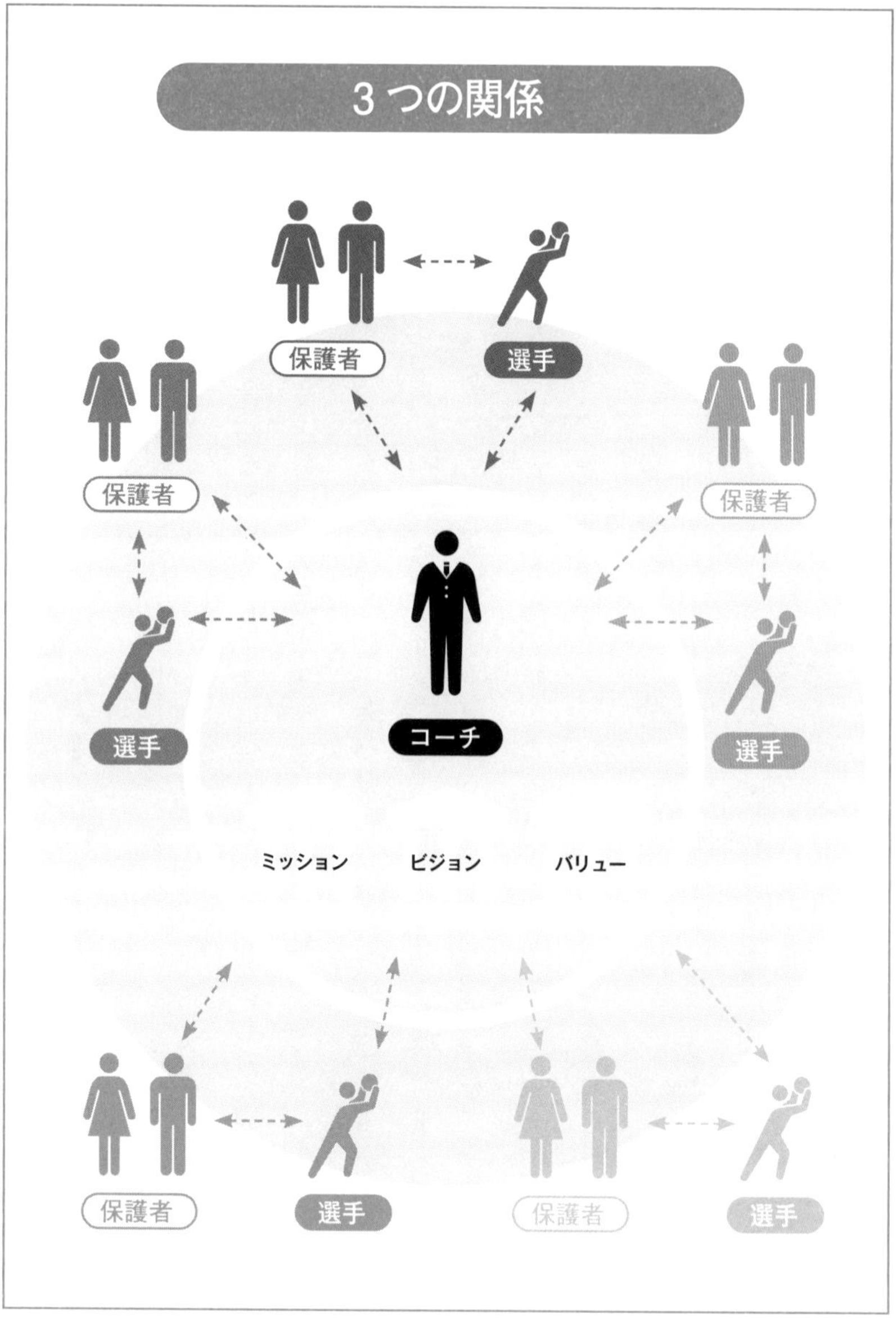
3つの関係
保護者
選手
保護者
保護者
コーチ
選手
選手
ミッション
ビジョン
バリュー
保護者
選手
保護者
選手

3つの柱

1	2	3
ミッション	ビジョン	バリュー
チームと個が自らに課した任務責任	チームが創造したい姿	チームの社会的教育的価値

小林　そう思います。スポーツを行う上ではさまざまな問題が自然と起きるものですが、実は問題そのものは問題ではありません。問題をどのように解決したらいいのかを子どもたちが学ぶ機会を大切にすることが重要で、そうすれば、どんな問題が生じたとしても、自立的に主体的に解決できるようになります。とはいえ、その問題が子どもたちにとって重荷になりすぎる場合があると思います。そういうときは、コーチや保護者のみなさんが必要なことを必要なだけアドバイスすればいいでしょう。ただし、そうするためには、ミッション、ビジョン、バリューがひとつのチームの中で明確になっていて、なおかつ、それを実践することがものすごく大事になります。ビジョンを明確に持った組織は一貫しているので、子どもたちとしてもブレません。保護者のみなさんが自分の考えをそこに照らし合わせれば、コーチたちはサポーターとしての保護者のみなさんの力を得られますし、励みにもなります。保護者のみなさんとしては、スポーツに大きな教育的効果があることをブレずに共有できると思います。

父親　指導者やチームがどんなミッション、ビジョン、バリューを掲げているのか、その価値観をチームに入る段階で知っておくことが大事になりますね。

小林　とても大事になると思います。極端な話をすれば、それらがなくて勝つことだけが目的になると、指導者は非常に近視眼的に子どもたちを見てしまいます。そうではなく、生まれてから死ぬまでの１００年という時間の中で、ひとりの人間がスポーツを通じて人生のしっかりとした土台をつくるには、教育的社会的価値を置く視点が必要なのです。それがチームとしてのひとつの存在価値になると思います。コーチと保護者が同じ価値観の中で子どもたちを育てていくことが重要です。人的環境を担保することが、子どもたちが自分の生き方を学べるという意味で一番大事になると思います。

鈴木コーチ　保護者自身が持っている価値観や教育観が指導者のそれとまったく違うことがあります。例えば、決まった子どもしか試合に使わなかったり、言葉かけが絶対にあり得ないようなものだったりすることがあります。一方で、親としては一度始めたものを簡単にはやめさせたくないという思いも持ち合わせています。チームと親の間で理念などが合致していれば、子どもが壁にぶつかったり、失敗したりしたときにやめようとしても、諦めずに頑張ることに価値があるとアドバイスできます。

小林　その通りだと思います。さきほどの図を円にした理由はまさにその点なんです。中心に同心円がありますが、この同心円の中にみなさんがいることがとても大事になります。指導を行なう上でチームとしての明確な考え方があることは、教育という意味ですごく重要です。私はある意味で、ユースアスリートのスポーツは教育的な価値がとてもあると思っています。学校教育とは異なる人間教育が行われる場であると考えます。スポーツと教育は密接に関係していますが、子どもたちは両者を通じて、いろいろなことを学びます。英語や数学も大事ですが、同様に、スポーツから学ぶことも人の心を育てる上でものすごくたくさんあります。いろいろな子どもたちが集まっているからこそ、さまざまなことを受け入れられる土壌が育つ環境を備えるようになるわけです。そして、一人ひとりを大切にするだけの懐の広さがそこで育まれるんです。言葉ではなく、経験的に体験的に自分の中に積み重ねていくことが、人間としての生き方に大きく影響すると思います。

鈴木コーチ　プログラミングされたことはAIやロボットがすべてやってくれる時代ですけど、子どもたちがどのように育っていけば、社会に出たときにより活躍できるんでしょうか？　目の前の試合に勝つこととは違う、子どもの長い人生の中で生きてくる学びこそが、スポーツを通じて得られる価値あるものです。

小林　同感です。子どもたちにとっては一貫した価値観を経験的に体験的に学ぶことが重要で、自分がどう生きていくのか、他者とどう関わりながら生きるのが社会にとって大切なのかという視点を持つことが、すごく大切になります。中学校に行ってそれまでとは異なる視点を持つと、小学校で学んだことがまったく違って見えたりします。さまざまな物事を学ぶという意味で、いろいろな視点を経験するのはもちろんいいことでしょう。ただし、多感な時期に、しっかりとした物事をスポーツ教育の場で本格的に教えてもらって学ぶことは、ひとりの人間にとって、とても大切です。中学校ではすごくうまかったが、高校で力を発揮できなくなった、あるいは小学校でも中学校でも高校でも花が咲かなかったが、大学で開花したといった具合に、ピークや成長時期はそれぞれの子どもによって違います。中長期的に見て、その子をどう育てるのかといった、しっかりした視野を持って成長を見届けられるチームやクラブ、責任を持って子どもを預かるチームやクラブであれば、それは教育機関として、これからの社会で本当に素晴らしい価値があると思います。

叱るのはいいが、怒るのはいけない

父親　最近は叱ることや怒ることはよくないといわれます。だからなのか、褒めちぎっているように見える保護者がいます。古い考えかもしれませんけど、僕なんかは叱ることも大事だと思います。先生はどう考えますか？

小林　叱るのはとても大事なことだと思います。でも、褒めることも大事です。程度によりますけどね。子どもが倫理的道徳的な基準から逸脱したときは叱ったほうがいいと思います。一方で、「怒り」は、自分が考えているところ、つまり、自分が持つ価値観や考え方から遠く離れてしまったときに生まれるものなので、おとうさんにしてもおかあさんにしても、感情的な状態に陥っているわけです。怒りの感情を持って子どもに接しても何も残りません。この点は心理学的に確立されています。ですから、叱るのはいいんですが、怒ってはいけないと考えます。叱るのは価値基準を教えることともいえます。絶対にやってはいけないという境界線を明確にして、そこから向こうは境界線を越えることになるから、絶対にいけないと伝えるわけです。それがわかっているのに子どもたちが境界線を越えたとしたら、きちんと叱らなければいけません。ただ、どういう思いでやったのかについて、話をしっかり聞いてあげる必要があると思います。

父親　つい感情的に怒ってしまうと子どもたちには伝わらないのかなということが、最近になって何となくわかってきました。

小林　感情的に怒ってそれを失敗だと思ったら、素直に謝ることが大事になります。親が子どもに謝るのは子どもに対するすごく大切な教育だと考えます。「感情的になって嫌な思いをさせたのは、おとうさんがよくなかったと思う。心から謝るよ」といって、「ごめん」と頭を下げるんです。形だけではいけません。心から謝れば、自分から頭を下げて謝ることを学びます。人間は完璧ではないことを学ぶのはすごく大事。親でも失敗はあるということです。そして、失敗したあとにどうするのかを学ばせるのも、おとうさんとおかあさんの大事な役割だと思います。

第6章の習慣（まとめ）

36 まずは子どもたち自身が
考えて行動し、責任を持つ。
大人は足りないところについて
支援的なアドバイスを与える

37 父親にも母親にも安心して
いろいろなことを話せる家庭環境は
子どもにとってとても大きい

38 親は「でも」という言葉を
絶対に使ってはいけない

39 親が見ているところと
子どもが見ているところは違う

40 言葉だけでは
子どもの人格形成にはつながらない

41 自分の時間を自ら管理できるように
なれば、スマホやテレビのスイッチを
自分で切るようになる

42 ルールは押しつけるのではなく、
子どもたち自身が
つくって守るように導く

43 失敗したあとにどうするのかを
学ぶ機会を与えることも
親の大事な役割である

第7章

スポーツ大国・アメリカの育成年代ではどんなことが起きているんですか?

アメリカで資格を取得したアスレティックトレーナーに聞く

小林さんに話を聞いた数日後、「ぜひ紹介したい人がいる」と鈴木コーチから連絡を受けた。こちらとしてはもう十分に話を聞いたつもりでいたが、これまでにない視点で話してくれる人だという。アメリカでアスレティックトレーナーの資格を取得し、その仕事に関わる中で気がついたユーススポーツの問題点について情報収集し、発信もしている中山佑介さんである。

40代の僕にとって、アメリカのスポーツはいつも輝いている。NBAはもちろんのこと、MLB、NFL、NHLを加えた4大プロスポーツだけでなく、近年はMLS（メジャーリーグサッカー）も人気だと聞く。

そんなスポーツ大国・アメリカのキラキラしたスポーツ界で気がかりなことが起きているという。どんなことだろうかと考えていたら、アメリカの育成年代がどうなっているのか、保護者はどう関わっているのかについても、気になってきた。

僕と鈴木コーチは、自身もまた保護者だという中山さんに話を聞いた。

「ちょっと違うんじゃないか」が大事

鈴木コーチ　スポーツをしている子どもを持つ親が悩んだときのために、中山さんのブログの内容を多くの人に知ってもらいたいと思って、ひとりの保護者と一緒にやってきました。中山さんが発信している情報には、親の気づきが多くあるんじゃないかと考えています。中山さんを知る上でも、どうしてブログを書くようになったのかをまずは話してもらえますか？

中山　そもそも僕がユーススポーツに関心を持ち始めたのは、僕自身が父親になったからです。10歳になる長男と7歳の次男がいます。自分自身がスポーツから多くを学んだので、彼らにも何かしらスポーツをやってほしいという願いがありました。ただ、彼らが生まれたときはそれくらいにしか考えていませんでした。彼らはアメリカで生まれ育ったのでいろいろなスポーツに触れる機会があり、スポーツ環境というものに懸念を抱くことがそれほどなかったんです。地域のレクリエーションセンターのプログラムなど、楽しく参加できる環境がありましたからね。

父親　僕が抱くアメリカのユーススポーツのイメージ通りです。

中山　そうですよね。問題意識を持ったのは、僕がNBAの仕事をしていたときです。毎年4月にドラフト候補生のメディカルインフォメーションが送られてくるんですけど、それをチャートにまとめて、必要なところは深掘りします。そして、「この選手にはこういうリスクがある」といったデータをマネジメント部門に示すんです。そのときに気がついたのが、これからプロになろうとしている選手たちが、プロでもう何年もやっているかのように怪我を抱えていることでした。しかも、その傾向が年々強くなっていくように感じたんです。特にいまのNBAでは、アメリカ出身の選手の多くはほぼ1年で大学をやめてプロに入ってきます。八村塁（ワシントン・ウィザーズ）選手のようなケースは少数です。18歳や19歳の選手たちがすでに何回も手術を受けていたり、慢性的なストレスからくる怪我を抱えていたりするんです。一方で、ヨーロッパの候補生は、「データが少ないこともちろんあるんですけど、そうした傾向が少ない印象でした。そんな話をスタッフとしていたときに、スポーツの「早期競技特化」の話が出てきました。

父親　早期競技特化ですか？　幼いうちに「この競技」と決めちゃうことですよね。アメリカでもそうなんですか？

中山　そうです。ユーススポーツの環境がここまで強く影響を与えるのかと思い、興味を持ち始めました。ただ、そのときは自分の仕事のボリュームがそれなりにあったので、特別なリサーチや情報発信をする余裕はありませんでした。でも、そのことは頭の中に常にあって、例えば、自分の息子がスポーツを好きになったときに18歳や19歳でこんなに怪我を抱えていてほしくない、環境に気をつけなければいけないと考えていました。

父親　アメリカの育成年代はふたつ以上のスポーツをやっているものだと思っていました。

中山　現代のアメリカのユーススポーツは二分化しています。エリートアスリートを育てるための道筋という部分がひとつ。これはビジネスやメディアがその歯車になっています。まずは、日本のミニバスにあたるＡＡＵ（Amateur Athletic Union：アマチュア運動連合）に子どもを送ります。人によっては州をまたぐような引っ越しをしてまで、ＡＡＵのプログラムに入れるんです。そこから有名な高校に行ってリクルートされ、奨学金つきで大学に行ってプロ入りという道を歩みたいわけです。そういう道に、親が子どもたちをプッシュしていくんです。一方で、僕の息子たちがそうだったように、地域のレクリエーションセンターにおいて、週に1回みんなで遊んでいろ

アメリカユーススポーツの二分化

レクリエーションとしてのスポーツ

地域のレクリエーションセンターにおいて、週に1回程度のペースでいろいろなスポーツ活動を行う

アスリート育成のためのスポーツ

AAU（Amateur Athletic Union：アマチュア運動連合）のプログラムのもとで、プロアスリートになるために一競技に特化して活動する

いろなスポーツをやりましょうという文化もあります。ただ、ユーススポーツがトップアスリートを育てるための土壌にだんだんなっていくというイメージのほうが強いんです。僕はそれがちょっとこわいなと思いました。日本には部活の文化があります。ひとつの部活を選んだら3年間続けて参加することが前提になっていますし、ミニバスにおいても勝利ありきの文化が根づいている印象がありました。帰国して、息子が好きなバスケットをやりたいと考えたときに、どういう場所があるかと実際にリサーチしてみました。自由に使える体育館は少なく、チームを探すと週に何日も練習があって、1回の練習が3〜4時間も行われるわけです。スポーツをするのにちょうどいい環境が見つからなくて、そこにジレンマを感じました。

鈴木コーチ　日本の部活動やミニバスでも同じようなリスクを感じましたか？

中山　感じざるを得ないですよね。アメリカではいろいろなガイドラインが出ているんですけど、それと照らし合わせると明らかにやりすぎです。

父親　その日本のような環境にアメリカがなりつつあるということでしょうか？

中山　そうです。スポーツ選手の社会的地位が高くなってきたので、当然の流れといえば当然なんですけど、そこに至る道筋にビジネスが介入しています。実際の研究に対して、科学的に理に適っていないような道筋が描かれてしまっている現状があると思います。

父親　ウチには小学4年生の娘と5歳の息子がいるんですけど、地元のミニバスのチームに入れようかと思ったら、週に3、4回も練習がありました。土日は朝の9時から昼の1時まで。指導者も昔ながらの感じでした。これはちょっと違うんじゃないかと思ったので、鈴木コーチのスクールに入れました。

中山　おとうさんがいまいった「ちょっと違うんじゃないか」という感覚がすごく大事だと思います。同調圧力というか、みんながやっていると、ちょっとおかしいんじゃないかと思う自分のほうがおかしいんじゃないかと考えちゃって、それで結局は何もしないことが多いと感じます。自分は専門じゃないから、専門でやっているコーチの言葉はすべて正しいはずだし、みんながそれに従っているから、余計に何もできないということです。でも、そういう場合に不利益を被るのは結局は子どもじゃないかと思います。ちょっとおかしいんじゃないかと感じた人に対して、その感覚が合っているんだと思えるような情報になればいいなと考えて、発信を始めました。

親のエゴから子どもとスポーツをとり除く

鈴木コーチ　実際の海外のユーススポーツの現状やアメリカなどで問題視されていることについて教えてください。

中山　僕が経験したのはアメリカのことだけですけど、アメリカのユーススポーツというと、ＡＡＵがあって、それが数十億円規模の巨大なスポーツビジネスに発展しています。それだけのビジネスになってくると、参加している子どもたちの健康は最優先ではなくなります。スポーツの技術に優れた子どもたちを連れてきて、有名な大学に奨学金つきで送り込み、そこからＮＢＡ選手をどうやって輩出するかに主眼が置かれます。エージェントにとっては、将来のクライアントをどのようにして見つけるかが重要です。推測ですけど、かなり多くのＮＢＡ選手がＡＡＵにいる時期や育成年代のときからエージェントと関わりを持っています。そして、そのつながりから大学が決まっています。これがアメリカだけのことなのかなと思って他国の事情を調べてみたところ、ニュージーランドも同じような点を問題視していました。その流れを変えようという動きが国を挙げて出ています。

父親　アメリカだけの問題ではないということですね。

中山　はい。ただし、ＡＡＵに子どもを送れるのはそれが経済的に可能な家庭なので、スポーツ参加に対する経済格差もひとつの問題として挙げられています。経済力のない家庭の子どもたちが遊ぶ場所がだんだん失われていて、プログラムに参加できない劣等感というか、子どもたちの中での格づけのようなものが問題視されています。

鈴木コーチ　ＡＡＵが早期に競技特化をして、一日も早くエージェントに目をつけてもらおうとするわけですね。保護者もそれに乗じて過熱していることが問題の根底にありそうです。

中山　そうだと思います。

鈴木コーチ　日本で勝利至上主義といわれるようなものも根っこで同じような問題を抱えているのかもしれません。

父親　小学生くらいからＡＡＵを通じてエージェントを探すという話がありましたけど、それによって大学までのルートが決まる子もいるんでしょうか？

中山　小学生からかどうかはわかりませんけど、ＡＡＵの枠組みの中でエージェントが目を光らせているのは間違いありません。

父親　表現は悪いですけど、親としてはそれによって高校や大学が決まれば安心すると思います。

中山　僕の個人的な感覚ですけど、安心というよりは親のステータスのような気がします。明らかにスポーツの価値が根幹にある文化なので、そこに自分の子どもが認められていることがステータスであり、それが自分の価値みたいなものにつながっているのではないかと推察します。

父親　では、中山さんの個人的な意見としては、保護者はどういう立場であってほしいと思いますか？

中山　親が自分のエゴから子どもとスポーツをとり除くことが一番大事だと思います。あとは子どもを守ること。どこからが過保護になるのかは永遠の課題ですけど、子どもが助けを求めてきたときにそこにいてあげることが大事ではないでしょうか。親はできるだけ身を引いて、必要なときに子どもを導いてあげること。もちろん、親の教育哲学の問題になると思うので、それぞれの親で違いはあるでしょう。でも、僕自身はそうありたいと考えています。

トップアスリートが「おかしい」という

父親　プロスポーツで年俸数十億円稼ぐという話が報道されます。それを見た親は、ウチの子も数十億円もらえるようになってくれたらいいなと思うかもしれません。メディアの影響力はアメリカでも大きいんでしょうか？

中山　影響力はあると思います。一般の人たちがアスリートのステータスを知るのはメディアを通してですし、メディアはアスリートの輝かしい部分をクローズアップします。でも、ＮＢＡ選手の相当な割合が引退後に破産しているんです。そこはあまりとり上げられません。メディアは表と裏の両方をバランスよく見せることが大事なんじゃないかと思います。成功したら、成功の理由をみんな知りたがりますよね。成功した一番わかりやすい理由は「頑張ったから」です。これだけ頑張ったから成功したというのは誰に対しても伝えやすいメッセージだと思います。ただ、本当にそうなんでしょうか。頑張ったからといって必ずしもそうなるとは限りませんし、もしかすると成功の秘訣はそこじゃなかったかもしれません。すべてをわかりやすいところに持っていくと、誰々は朝何時から練習していたというようなストーリーだけがひとり歩きします。すると、それがみんなの頭の中に入って、「ウチの子にももっとやらせなきゃ」となってしまうんです。

父親　メディアを通じてきらびやかな部分を知るわけですけど、その裏にもアンテナを張らなければいけないようです。

中山　誰かは何億円ももらったかもしれませんけど、同じような道を歩んだほとんどの人がそこにはたどりつけません。その理由が「早すぎ、やりすぎ」による怪我だったりもするわけなので、本当にその道に自分の子どもを乗せたいのですかと問いたいところです。ＮＢＡのレブロン・ジェームズ選手（ロサンゼルス・レイカーズ）や去年亡くなられたコービー・ブライアントさんがいまのユーススポーツのあり方は「おかしい」といっているんですけど、実際にはその流れは止まりません。

鈴木コーチ　コービーやレブロンはどんなことをいっているんですか？

中山　コービーは「いまのバスケットボール選手は基本を知らない」といっていました。確か「ピボットもまともに踏めない」と話していた記憶があります。なぜそうなったかというと、バスケットの基本以外のスキルを最初から詰め込まれたからとのことでした。レブロンは「自分の息子たちはＡＡＵのプログラムに参加しているが、トーナメントのあり方がおかしい」と話しています。「一日に2試合も3試合も詰め込まれていて、終わったときには何の力も残っていない。そんなやり方は間違っている」と。「もしも自分の息子がどこかが痛いといったら、絶対にプレーさせない」といっています。

父親　アメリカのトップアスリートのふたりが「やりすぎ」といっているんですね。

中山　そうです。トップまで行くためにはどれだけの練習やトレーニングが必要なのかを知っているふたりから見ても異常だというのは、相当強いメッセージだと思います。

鈴木コーチ　ところで、コービーも参加していた「プロジェクト・プレー」とはどういった団体なんでしょうか？

中山　母体は「アスペン・インスティテュート」という団体で、日本にも支社があります。スポーツに特化した団体ではなくて、ビジネス、教育、環境問題などの複雑な社会問題に言及していくという幅広いビジョンを持っています。プロジェクトのひとつとして「プロジェクト・プレー」が2013年に始まったんですけど、発足した背景にはいくつかの理由があります。アメリカでは肥満が社会問題になっていて、相当な割合の子どもたちが肥満もしくは過体重です。一日に必要な運動量を満たしている

ユーススポーツの現状と問題点

アメリカなどでの現状

- 育成年代から、スカウトのためにエージェントが関わっている
- 子どもの健康を最優先せずに、スポーツビジネス中心の考え方になっている
- 子どもたちの中でも格づけなどが生まれている

トップアスリートなども危ぶむ問題点

- メディアによって誇張される輝かしい成功の裏にある多くの失敗
- 異常なまでに詰め込む練習や試合

子どもの割合はわずか2割程度だという報告もあります。そうなった一因は子どもたちがスポーツから離れてしまっているからです。その問題を何とかしようとして始まったのが「プロジェクト・プレー」でした。

父親　スポーツ大国といわれていますけど、そんな問題があったんですね。

中山　アメリカらしいなと思うところが、まずは調査をすることです。できるだけ大きな規模の調査をして現状把握した上で、問題を解決するための8つの障壁を設定し、そこにどうアタックするのかを決めました。そして、定期的に同じ調査を行い、どんな変化が起こったのかを繰り返し調べたんです。2019年に「Don't retire kid（ドント・リタイア・キッド）」というプロジェクトが始まりました。子どもの6割以上がスポーツをやめて、スポーツに二度と参加していないという現状をどう変えていくか、子どもがスポーツをやめないようにするためには何ができるかというプロジェクトです。それが始まったのは「プロジェクト・プレー」が期待されていたほどの効果を得られていなかったからだと思います。何年分かのレポートを見たんですけど、劇的な変化は5年スパンでは起きていませんでした。子どもたちはスポーツからまだまだ離れていましたし、一日の運動は推奨される量を満たしていませんでした。社会問題である肥満についても、大きな変化が起こる兆しはありませんでした。

大人にコントロールされすぎている

父親　８つの障壁とはどんなものでしょうか？

中山　まずはユーススポーツが大人によってコントロールされすぎてしまっていることです。コントロールにはふたつの視点があると思います。ひとつは子どもがやるスポーツを親が決めてしまっているという意味でのコントロール。もうひとつは子どもが参加するスポーツの環境が大人やコーチによってコントロールされてしまっていることです。それに対する戦略として、何に関心があるのかを子どもたちに実際に聞いて尊重しましょうと掲げています。コービーもいっていたんですけど、大人が子どもをサッカー選手にすることはできないし、バスケットボール選手にすることもできないんです。簡単にいえば、子どもが興味を持つことを見つけてあげるのが大事。ユーススポーツの環境では、コーチや保護者が大人のエゴをとり除かなければなりません。いまは日本もアメリカも勝利至上主義のところがありますけど、勝ちたいと思っているのは本当に子どもなのかというところです。

父親　勝ちたいと思っているのは親なんでしょうね。そんなことよりも、子どもが興味を持ったものをどんどんやらせるほうがいいと。

中山　はい。僕がバスケット関連の仕事をしてきたので、僕の子どもたちもバスケットに触れる機会が多くなって、自然とバスケットに興味を持ちました。僕としてはうれしいので、そこに留まってほしいと思う気持ちがあります。ただ、その気持ちに負けてしまうのは、親のエゴだと思うんです。僕の中には息子と「1対1」をやる日を楽しみにしているところが間違いなくあります。でも、それをやりたいのは僕であって、子どもはそうではないかもしれません。子どもがほかのスポーツに興味を持ったときに、邪魔をしてはいけないと思っています。そこで、息子が4年生になってクラブ活動が始まるときに、「バスケットはどこでもできるし、ほかのスポーツをやってみたら？」といった感じで、ほかのことに触れる機会を勧めてみました。結局はバスケットを選んだんですけどね。

スポーツサンプリングで「試食」する

鈴木コーチ　ふたつ目はどういったことでしょうか？

中山　構成されすぎた環境です。大雑把にいうと、バスケットをする＝バスケットスクールに入って、コーチがいて、練習メニューが決まっている環境。英語では「オーバーストラクチャード」というんですけど、いまのユーススポーツはガチガチに構成されすぎているとの指摘があります。これがふたつ目の障壁。これに対する戦略として、自由な遊びの再導入が掲げられています。そのビデオメッセージを担当したのがMLBのクレイトン・カーショー投手。自分自身が遊びを通して育ったことから、「勝つ必要も、いろいろなところに行く必要も、カッコいいユニフォームを着る必要もありません。遊ぶ機会さえあれば、何だってかまわないのです」というメッセージを送っています。

父親　ロサンゼルス・ドジャースで活躍するサウスポーのピッチャーですね。

中山　そうです。有名な投手ですよね。彼が提唱する遊びが子どもたちの生活の中に入ってくると、3つ目の障壁として定められている「早期の競技特化」にもアプローチできます。さまざまなスポーツを積極的に体験しましょうと勧める理由がそこにあるわけです。その中で使われている言葉が「スポーツサンプリング」というもので、僕はこれがひとつのキーワードになると思っています。

父親　スポーツサンプリングって何ですか？

中山　スーパーマーケットなどでいろいろなものを試食するような感じで、スポーツを子どもにどんどん「試食」させようということです。スポーツの種類は120以上あるらしいんですけど、親にしても子どもにしても、知っているスポーツを挙げたら、おそらくは10個くらいで止まるのではないでしょうか。120以上のスポーツがあるのに、「ひとつのスポーツにもう決めてしまうの？」という投げかけであり、それ以前に、その知っている10個くらいのスポーツの中で実際にやったことがあるのはいくつですかという話でもあると思います。スポーツサンプリングをすることによって、自分に向いているものに出合う可能性を広げられます。ほかのバックグラウンドがあれば、方向転換の選択肢が増えます。例えば、サッカーとバスケットの両方を経験した子どもがバスケットをやりたくないと思ったときに、サッカーをやろうという選択肢が生まれると思うんです。小さいときからひとつのスポーツしかやってこなかったとしたら、そのスポーツの道が閉ざされたときにスポーツそのものから離れることにつながってしまうと思います。

父親 大げさかもしれませんけど、スポーツを嫌いになったり、スポーツそのものから離れたりするのは、親として不本意です。

中山 そうですよね。スポーツサンプリングは機会を多様化するという意味で重要になってくると思います。ただ、現実問題として、同時進行型のスポーツサンプリングは日本のスポーツ環境ではすごく難しいんです。ひとつのスポーツに対するコミットメント（関与、参加）が大きいですし、子どもの体に負荷をかけすぎずに複数のスポーツをさせるのは難しいです。でも、それなら、一年におけるそれぞれのスポーツの期限を決めるという手があります。同時進行じゃなく、アメリカのシーズン制のようにすることは可能だと思います。

父親 日本には、ひとつのことをやり遂げるのが大事という考えがいまもあるように感じます。

中山 その通りですし、やり遂げた力は間違いなく子どもの財産になると思います。でも、それと同時に、自分の中で芽生えた興味を大切にする、そこでパッと動いて試すというのも大事だと思うんです。その判断ですよね。面倒くさいからやめるのと、ほかのことに興味があるからやめるのとでは違います。後者のようなポジティブな理由であれば、スポーツそのものから一度は離れても、スポーツを再開する傾向が強いという報告もあるんです。

父親　ウチの娘は小学校でテニス部に入ったんですけど、その理由は仲のいい友だちがいるからでした。でも、最近になって私はテニスじゃなかったというんです。友だちがやるからという理由で選んだのはよくなかったと気づいたようです。

中山　子どもが自分で決めてそこから学ぶことが人生の教訓になりますね。でも、もしかすると1カ月後には、やっぱりテニスは楽しいということになるかもしれません。子どもが自分で選んで、自分で責任をとって対処する機会を与えてあげるのが大事だと思います。

ひとつの部活動でいろいろやる

鈴木コーチ　親は、自分の過去を教訓にして、自分ができなかったことを子どもに体現させがちです。子どもが本当にやりたくてやっているのかを冷静に見ることが大事になると思います。

父親　以前にバスケットの全国トップレベルといわれる中学生チームの練習を見る機会がありました。その中に、いわゆる「ベースボールスロー」ができない子がいました。ドリブルもシュートもうまいのに、右手で投げるときに右足を出していたんです。これも早期特化の弊害だと思うんですけど、どれくらいから特化するのがいいといった目安はありますか？

中山　高校あるいは高校を過ぎてから特化するのが理想だという考えが、スポーツ傷害の予防に関する研究報告、さらにはパフォーマンス面における大学やプロレベルのコーチの発言によってサポートされています。スポーツ傷害の予防を考えた場合、一年の中でひとつのスポーツから離れる時間を確保し、特定の動きや負荷から体をリカバリーさせることが重要です。複数のスポーツをやっている＝競技特化ではないということではありません。ひとつのスポーツから離れる期間に関しては、だいたい3カ月から4カ月という数字が、アメリカの小児学会、全米アスレティックトレーナーズ協会、全米ストレングス&コンディショニング協会などの声明の中で使われています。3カ月もまとまった期間をオフにするのは、部活動をはじめとする日本のスポーツ文化ではなかなか難しいですよね。しかし、シーズンスポーツのシステムを導入すれば、年間を通して体を動かしつつ、負荷を分散させられます。それが高校生の時期まで可能になれば、より長くスポーツに携わる子どもが絶対に増えると思います。

父親 日本の場合、ひとつの部活動に入って一年間同じことをするので、なかなか難しいのが現状だと思います。例えば、週に1回は必ずオフを入れるとか、夏休みにまとまったオフの期間を入れるとか、そういったことでも違ってくるものでしょうか？

中山 指導者の理解と保護者の理解やサポートが必要だと思います。日本のスポーツは部活動がメインですが、バスケットボール部だからバスケットボールをしなければいけないというルールはないはずです。指導者がこの考え方に理解を示すのであれば、ウチはバスケットボール部だけど、4月から6月までは週変わりでいろいろなスポーツをやるといったことが可能だと思うんです。そうなったときに、「ウチの子はバスケットボール部に入ったのにどうして野球をやっているんだ？」とは考えない親の理解があれば、そうしたモデルは可能だと考えます。勇気のいる作業です。伝統校であれば、OBからのプレッシャーなどもあると思います。わかっていてもなかなか身動きがとれない指導者が必ずいるでしょう。それでも、日本でそういうモデルの学校や部活動が出てきてもいいんじゃないかなと個人的には思います。

父親 子どもたちとしては、いきなりそういう方向転換をされたらとまどいそうです。

中山　ＮＦＬのスーパーボウルでＭＶＰになったパトリック・マホームズ（カンザスシティー・チーフス）というクォーターバックの選手がいます。その選手を紹介する文章の中で、高校時代のコーチだったと思うんですけど、「彼はベストのクォーターバックになる術をクォーターバックをやらずに学んだ」と述懐する恩師がいました。そういうことが実際にあるんです。「バスケットがうまくなるにはバスケットしかない」という考え方は違うんだと、子どもに限らず、みんなが理解すれば、さきほど話したやり方ができるんじゃないかなと思います。

自分の体を大事にする感覚を知る

父親　いろいろなスポーツをやると聞くと、費用がかかるなぁというのが実感としてあります。

中山　４つ目の障壁がまさにそれで、スポーツに参加するためのコストです。例えば、ＡＡＵのチームによっては、州をまたいでの移動があります。「トラベリングチーム」と呼ばれているんですけど、ユーススポーツでも遠征があって、出費が大きくなります。ですから、参加できる人は限られます。機会が均等ではなくなるという意味でも大きな問題になっています。これに対する戦略としては地域リーグの活性化。州をまたいで移動したり、バスに乗ってどこかに行ったりしなくても済むように、地元で開催される市内リーグや地域リーグを活性化しましょうという動きがあるんです。ふたつ目の障壁ともつながると思うんですけど、トラベリングチームがたくさん出てくると、地域の施設の需要が減るので、そういった場所が徐々に廃れて、子どもたちの遊ぶ場所や空間がなくなってしまいます。これは日本でも似たような問題があると思いますし、限られたスペースをいかに有効利用するかが重要な課題になります。それが5つ目の障壁なんですけど、だったら、大きなテニスコートをひとつつくるんではなく、その大きさの中にミニコートを4つつくりましょうという考え方が出てきます。ミニコートであれば、子ども一人ひとりのボールにタッチする回数が増えるなどの相乗効果があると紹介されています。

父親　そこは保護者が直接どうこうできる問題ではないかもしれません。行政も関わるところでしょうし、なかなか難しい点です。6つ目の障壁はどういったものでしょうか?

中山　6つ目の障壁はやりすぎと早すぎです。早い時期から同じスポーツをやりすぎていること。始めるのがそもそも早すぎるので、育成や発達を意識したユーススポーツの環境をつくりましょうといわれています。これもマルチスポーツ、いろいろなスポーツをやることに関わってくると思います。7つ目の障壁はコーチです。熱心だけど、勉強不足で未熟というボランティアコーチが問題になっています。これに対しては、シンプルにすべてのコーチに教育を施すこと。アメリカには500万人以上のボランティアコーチがいます。でも、コーチングに関する正式な教育を受けているのは2割以下。つまり、8割以上のコーチはコーチングに関して素人です。そのスポーツの経験者だけど、コーチングに関しては素人という人たちの問題です。

父親　周りを見渡すと、多くのチームのコーチはボランティアの親御さんです。その人たちはバスケットの経験者ではあるけど、指導の専門家ではありません。知らない親は「経験者=専門家」だと思っています。しかも、周りから「コーチ」といわれたら、専門家だと思っちゃいます。そこを見分けられるといいですね。

中山　その通りだと思います。教育のリソース例として、アメリカのオリンピック協会、ナイキ、プロジェクト・プレーによってつくられた「How to Coach Kids（ハウ・トゥー・コーチ・キッズ）」という活動があります。そのウェブサイトには、素晴らしい質と量の材料があふれています。最後の障壁は安全面で、特に脳しんとう、最近では熱中症に対する安全策に課題があります。怪我の予防に重点を置いたユーススポーツの環境を整備していく必要があるわけです。ユーススポーツの脳しんとうに関するサミットがホワイトハウスで開かれたことがあります。アメリカの国技ともいえるアメリカンフットボールにおいて、脳しんとうが非常に大きな関心事になっているからです。ユーススポーツで病院に搬送される理由のトップが脳しんとうなんです。

父親　脳しんとうですか。「ちょっと頭を打っただけだろう。放っておけば治るだろう」という考えの保護者がまだまだ多いかもしれません。脳しんとうは見えないだけに、親としては知っておいたほうがいいですよね。

中山　保護者もそうですけど、これはどちらかといえば指導者の問題です。実は頭を打たなくても脳しんとうは起こり得るんです。

父親　えっ、頭を打たないのに起こるんですか?

中山　はい。頭蓋骨の中で脳が揺さぶられれば、脳しんとうは起こり得ます。細かい病理生理学などは専門家に任せるとして、脳しんとうが起こり得る状況、代表的な症状、その症状は時間差で起こること、そして、症状を抱えたままでプレーを再開することの危険性については、スポーツに関わる人、大人だけでなく当事者の子どもたちも知っておくべきです。それと怪我に関して。捻挫した場合にそのまま続けさせることが、いまのユーススポーツでは蔓延しています。それがゆくゆくは重度の慢性的な問題につながってしまいます。多くの時間と労力をかけてせっかく高いレベルまで進んだのに、ユース時代を含む過去の怪我への対処が不適切であったために、パフォーマンスを発揮できなくなるケースが本当にたくさんあるんです。そういったケースを防ぐためには、「いまじゃないいんだよ」ということ。自分の体を大事にしなければいけないという感覚を子どもたちに知ってほしいと思います。これを過保護と捉えるかどうかは、親にとって判断が難しいところでしょう。そこで、ユーススポーツにも専門家が介在することが大事になると思います。「PainとSoreの違いを知らなければいけない」といわれます。日本語では両方とも「痛み」になるんですけど、怪我の痛みであるPainと筋肉痛のような痛みであるSoreは違います。その違いを把握できていないと、すべてが「痛い、痛い」になってしまってスポーツはできません。子どもたちとしては、自分で判断できる環境にあれば、経験を重ねることによって自分の中で基準ができていきます。コーチがやれというから怪我の痛みに耐えてやるというようでは、そういった基準は培われないと思いますし、あとあと残るダメージは大きいでしょう。

父親　子どもにとっては親だからこそいいにくいことがあると思います。親としては

8つの障壁

大人のエゴによるコントロール 1

構成されすぎた環境 2

早期の競技特化 3

参加するためのコスト 4

スポーツができるスペースが限られていること 5

やりすぎと早すぎ 6

勉強不足で未熟なコーチ 7

安全策 8

そこをしっかり見極めないとダメですね。

中山　そうですね。痛みの感じ方は人それぞれで違いますし、痛みに対する表現の仕方も違います。それぞれの「痛い」を同じように判断することはできないんです。

父親　素人判断をしてはいけませんね。

中山　あとは子どもの表現能力です。痛みに限らず、感情表現が乏しいと、それはコミュニケーションの大きな妨げになります。コーチなどの目上の人に何かいわれたら返事は「はい」という文化で育ててしまうのは、よくないと思います。

同じスポーツでも関わり方はさまざま

父親　コーチに勧められて、中山さんのホームページを見てみました。そこにあったＬＴＡＤ（Long Term Athlete Development）の四角形の図（Ｐ２７０）によって、スポーツの価値を改めて考えさせられました。トップレベルに進めなくてもスポーツを続ける楽しさみたいなものがあることがよくわかりました。

中山　あのホームページは僕自身の経験も反映されています。僕は大学を卒業するまで日本で生活していました。バスケットは中学から始めて高校まで部活でプレーし、大学はサークルとクラブチームをかけ持ちしていました。ですから、同じ年代の人以外とバスケットをした経験がほぼゼロでした。高校ではOBとプレーしたことはありましたけど、せいぜいその程度です。アメリカに渡って数カ月くらいのときの出来事なんですけど、昼休みに体育館へ行ったら教授たちが集まってバスケットをやっていて、「お前も入れ」といわれたんです。自分よりもひと回りもふた回りも年齢が違う人と一緒にプレーする経験を通して、スポーツの楽しさや素晴しさを改めて感じました。その後は、「ピックアップ」と呼ばれる、集まった人たちでプレーするバスケットをしょっちゅうやりました。そこには20代の学生が相手でもバリバリにやれちゃう40代や50代のおじさんたちがいて、それがかっこいいなと思いました。その隣のコートでは年上の教授たちがバスケットをちょっとかじったことのある学生と一緒にプレーしていて、同じスポーツでもさまざまな関わり方があることを目のあたりにしました。みんなそれぞれの楽しみ方をしていましたし、スポーツをすることによって、身体的かつ精神的なベネフィット（恩恵）を全員が得ていたわけです。

父親　それもまたアメリカ的なイメージです。

中山　はい。スポーツ界などでよく見かける三角形の構図の中で上に進むことだけを目指していたら、決して見られない光景だと思いました。そういう僕自身の経験があった上でLTADの勉強をしたときに、四角形のモデルが出てきたんです。大学の屋外コートでバスケットをプレーする人たちみんながLTADを考えているわけではもちろんありません。僕がいた大学はスポーツが強くて、NBAの選手も輩出していますす。でも、そっちに進めなかった人たちも同じキャンパス内で同じスポーツをしていた当時の光景がよみがえってきました。その光景が四角形のひとつの縮図だったんだろうなと思います。

自分を客観視できない親がいる

鈴木コーチ　日本は恥じらいの国ですけど、何が恥ずかしいかを自分でイメージできるのは価値あることだと思います。日本には「モンスターペアレンツ」と呼ばれる親たちがいます。海外ではどういうタイプが恥ずかしい親として認識されていますか？

中山　僕がアメリカから帰ってきたのは2018年で、僕の子どもたちは、親が熱中するような年齢に達していませんでした。ですから、僕が実際に目にしたことではないんですけど、情報を集める中で興味深いと感じたエピソードがあります。アメリカのユーススポーツでも、モンスターペアレンツと呼ばれる、サイドラインから口出ししてしまう保護者が問題になっています。あるユースサッカーのコーチの振る舞いが話題になったのです。試合や練習時にロリポップ（棒つきのキャンディー）を保護者に配る話をソーシャルメディアに投稿したところ、大きな反応がありました。「これをしゃぶって、静かにしてください」ということです（笑）。キャンディーをなめている間は大声でしゃべれませんからね。大きな反響を呼んだのは、保護者の過剰な口出しを問題視している人がそれだけ多かったからでしょう。野球ではストライクかボールかで揉めますよね。そこに親が出てきて審判に悪態をついたりする姿がソーシャルメディアに載せられて、批判されたりしていました。いまは誰でもビデオ撮影ができて、それがシェアされてしまいます。自分をコントロールできずにやってしまったことが広まるので、ひとつの抑止力にはなるんだろうなと思います。

鈴木コーチ　スポーツが子どものものになっていない証拠ですね。

中山　まさにそうだと思います。

鈴木コーチ　それを恥ずかしいと思えるかどうかですけどね。

中山　おそらくは、カッとなると自分を客観視できないんだと思います。何でもかんでも撮影することについてはもちろん懸念がありますけど、動画は自分を客観視するものとしてはひとつの教材になるのかなと感じます。僕が関わっているあるユース年代のコーチは自分の指導を必ずビデオ撮影しています。自分の話し方や説明の仕方を見返しているそうです。小さなコミュニティーの中で自分が一番上に立っているわけなので、裸の王様じゃないですけど、何をいってもどうしても正論になってしまいます。そういった環境にずっと身を置くことにはリスクがあります。客観視することが**大切**だと思います。

父親　親もまた、どうにかして自分を客観視しなければいけませんね。

中山　ミスをしたときに、まず親を見る子どもが結構いるんです。親を見るのはうまくプレーできたときにしてほしいです。失敗したときに、怒られるみたいな感じで親を見る子どもが少なくない印象があります。

息が少し上がるくらいの運動をする

鈴木コーチ　スポーツをしていない子どもを持つ保護者にも何かメッセージがありま

すか？　スポーツをしたらこんないいことがあるよといった感じのメッセージです。

中山　スポーツをすることや体を動かすことによるメリットについては多くの研究報告があります。実際の経験で実感している人が多いはずですし、議論の余地はないと思いますけど、スポーツをしていない子どもを持つ保護者に向けたチェックリストが「プロジェクト・プレー」の中にあったので、それを紹介しましょう。

父親　どんなものですか？

中山　スポーツをしていなくても体を動かすことはできます。例えば、家の前で縄跳びをするといったことです。スポーツに参加したくない子どもたちの中には人との関わりが苦手という子がいるでしょうけど、そういう子に対して、「スポーツは体にいいからやりなさい」とプッシュするのが必ずしもいいとは限りません。スポーツに参加しなくてもいいけど、体だけは動かしましょうという伝え方をしたいですね。息が少し上がるくらいの運動を一日60分間やることをアメリカのスポーツ医学会が推奨しています。この中には学校での体育の授業も含まれます。子どもの健康のために、それを満たしているかどうかを考えてください。一方で、親自身がスポーツをしているか、体を動かしているかも大事な要素になります。ざっくりした数字なんですけど、親自身が運動していると、その子どもも運動する割合が2倍になるという報告があります。親がロールモデルとして活動的なライフスタイルを送ることがやはり大事なんだと感じます。運動するきっかけが家の中にあるかどうかも重要になります。運動への興味をかきたてるボールなどが家の中にありますか？　僕の家のリビングにはボールが大小5つくらい転がっています。気がつくと、息子たちは食事のあとにボールをつかんでいます。運動につながる道具が視界にあるだけでも子どもの興味が刺激されると思うので、そういった環境をつくってみませんかといいたいです。

父親　でも、子どもってテレビやゲーム、いまだとスマートフォンに向かいがちです。

中山　確かにそうです。スポーツや体を動かすことに興味があったとしても、短絡的に快楽を得られるテレビやスマホなどがスポーツへの興味をつぶしているかもしれません。保護者のみなさんに確認してもらいたい点ですし、そこはスポーツの世界に限らずに問題視されているところだと思います。子どもがデジタル機器に触れている時間について、どれだけ把握していますか？　どんなスポーツに興味があるかを子どもに聞いてみるのもいいと思います。人と関わるのが苦手な子どもに対して野球やバスケットを勧めるのは難しいかもしれません。でも、どんなことをやってみたいかを聞くのは大事だと思います。じゃあ、空手をやってみようという話になるかもしれません。ほかの子どもと比較されにくいスポーツだって存在します。中には競争が嫌いな子がいて、勝ち負けや優劣がはっきりするスポーツに参加するのが大きなストレスになる場合もあります。それだったら、例えば、ロッククライミングとか、そういったことができる場所に連れていくのもいいんじゃないでしょうか。

人生を通して活動的であることが目標

鈴木コーチ　中山さんはスポーツが子どもにもたらす恩恵があると書いています。肥満のリスクが10分の1になったり、学業面でテストの点が上がったり、大学進学率が上がったりするそうですね。そういう事実を親たちが知れば、スポーツをする子どもが増えることにつながるかなと感じました。

中山　子どもの将来を案ずる親としては、「バスケットをやるといっても、どうせプロ選手にはなれないでしょ」とついつい考えがちですけど、スポーツの本当の素晴らしさはそこじゃないんです。

父親　当たり前ですけど、みんながプロになれるわけではありません。でも、大人になったときにLTADの四角形の台形部分に人がたくさんいれば、彼ら、彼女らの子どもスポーツに携わっていくことができそうです。

中山　僕の情報発信において一番の土台になっているのが、まさにそのＬＴＡＤの四角形のモデルです。最終的なゴールは「アクティブ・フォー・ライフ」。人生を通して活動的であることが最終的な目標です。これが念頭にあれば、保護者にしてもコーチにしても、その子が生涯を通して体を動かしていく上で助けになるにはどうすればいいかという考え方の軸ができるのではないでしょうか。元陸上競技選手の為末大さんが「早すぎる最適化」というタイトルの動画をYouTubeにあげていました。「指導者は理想のフォームを子どもにあてはめて、その動きができるように指導したくなってしまう。でも、大人と子どもでは体のプロポーションが違うし、大人が理想とする体の使い方を子どもに教えると、体が大きくなったときの弊害として、そこから抜け出せなくなってしまう」といっていました。それは彼自身の経験による話ですけど、スポーツの世界を超えて考えてほしいテーマだと思いました。陸上競技の場合は結果がタイムなどで特にダイレクトに出てきますけど、バスケットの世界にとっても興味深い話ではないでしょうか。先日、ある指導者が「ルカ・ドンチッチ（ＮＢＡのダラス・マーベリックスに所属するスロベニア出身選手）のステップバックを分析して子どもたちに教えています」と話していたので、僕は「育成年代のときのドンチッチは

LTADモデル

Long Term Athlete Development Model

（長期アスリート育成モデル）

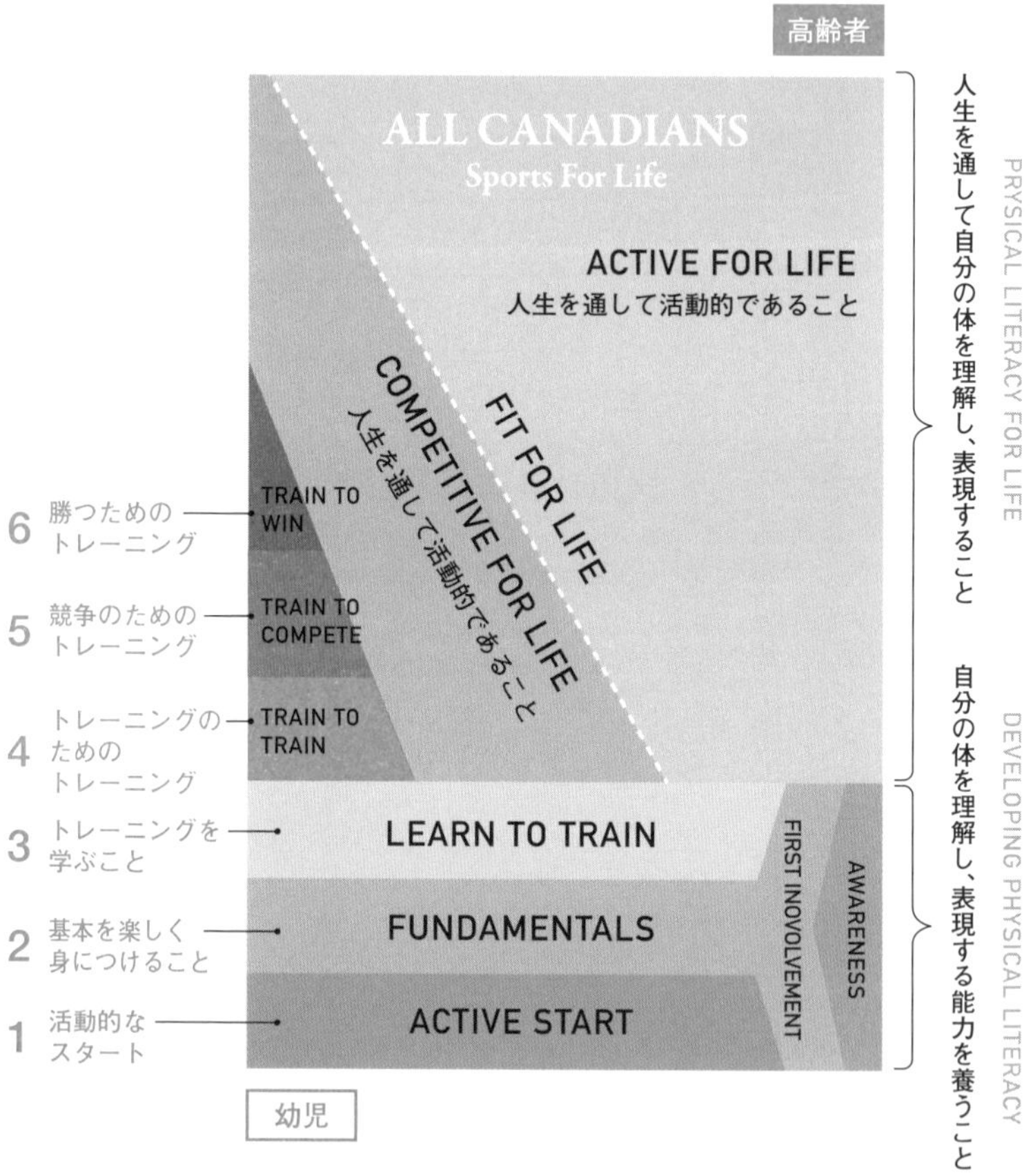

引用元：Istavan Balyi「Long Term Athlete Development Model」　日本語訳、加筆：中山佑介

その動きをしていたのですか？」と聞きました。指導者が気をつけなければいけないことだと感じたからです。僕はバスケットのスキルを教える専門家ではありません。でも、「強制しすぎずに次に送ることが大事」といった為末さんの言葉に共感しました。次に送るという考え方が欠如しているのが現在のユーススポーツの問題点かなと思います。

第7章の習慣（まとめ）

44 親のエゴから子どもとスポーツをとり除くことが大事である

45 スポーツのきらびやかな部分の裏にもアンテナを張らなければいけない

46 いろいろなスポーツを「試食」し、可能性を広げる

47 自分の体を大事にしなければいけないという感覚を子どもたちに知ってほしい

48 痛みの感じ方は人それぞれで違う

49 自分を客観視することが親にとってもコーチにとっても大切になる

50 現在のユーススポーツでは「強制しすぎずに次に送る」という考え方が欠如している

終章
―言葉の1on1―

ところで、ERUTLUCではどんな指導をしているんですか？

代表の鈴木良和コーチに聞く

アメリカをはじめとする世界の保護者事情に触れた僕たちは、話を聞きに行く作業を終えることにした。

僕は最後にどうしても鈴木コーチに聞いてみたいことがあった。

「専門家による見解はとても興味深いものでしたけど、では、鈴木コーチはどんなことを考えて子どもたちを指導しているんですか？」

バスケットに関わるさまざまな専門家にそれぞれの専門分野について話を聞いてきたが、僕たち保護者にとって一番気になる存在は、子どものすぐそばにいるコーチである。

「コーチの中には、指導者としては素人の人がいる」と中山さんが話していた。鈴木コーチをはじめとするERUTLUCの指導者はもちろんそうではない。バスケットの経験に加え、コーチングをいまもなお学んでいる。スキルや戦術だけでなく、児童心理、目標設定、栄養、体の使い方など、その学びは多岐にわたっている。

一方で、国内外を問わず、そうではないコーチがいるのも事実である。子どもたちの未来よりも目の前の勝敗にすべてを注ぎ込み、それが子どもたちの未来につながると信じるコーチたち。どんなコーチを選ぶかが親の大切な役割になると思うが、鈴木コーチは何を思って、子どもたちを指導しているのだろうか？　最後に鈴木コーチと「1on1」をさせてもらうことにした。もちろん、言葉の1on1である。

理念を知った上でチームを選ぶ

父親　鈴木コーチは、子どもたちに対して、スポーツから何を得てほしいと思っていますか？

鈴木コーチ　僕は、子どもたちに限らず、保護者向けにもいろいろな講習をするんですけど、いまの質問をそっくりそのまま親御さんに投げかけることがあります。「なぜ、子どもたちにスポーツをさせているんですか？」と。たいていの場合、「健康に育ってほしいから」、「仲間をつくってほしいから」、「努力することを学んでほしいから」、「ルール、マナー、礼儀を学んでほしいから」といった答えが返ってきます。その言葉の裏には、子どもに「成長してほしい」という親御さんたちの思いが一番にあります。

父親　ウチも同じです。

鈴木コーチ　ところが、実際にチームに入れてみると、成長してほしかったはずなのに、試合に出られない場合には「どうして、ウチの子を出さないんですか？」とコーチにいってしまったりします。僕の視点でいうと、成長させたいんだとすれば、試合に出られないことはむしろ成長のチャンスじゃないかと思います。出られなかったときに何をするか、どう考えるかを学ぶいいチャンスになるからです。ところが、成長することだったはずの目的が、「自分の子どもの活躍が見たい」、「自分の子どもが優秀だということを証明したい」といったものにすり替わってしまうわけです。

父親　確かにそうかもしれません。

鈴木コーチ　中山さんのブログにもあった話なんですけど、インターハイでチャンピオンになったキャプテンが引退後のインタビューで「コーチにやれといわれたことをひたすらやっていただけで、気がついたら優勝していた。あのときに何を学んだか、あの経験から何を得たかと聞かれても、うまく答えられない」と語ったそうです。それを読んだ親御さんが子どもにスポーツをやらせて成功だったと思えるでしょうか。親御さんは勝っているチームについつい入れたくなったり、自分の子どもを優秀にしてくれそうなチームに預けようとしたりします。そうではなく、子どもが成長するためにはどこのチームがいいのかという視点でチームや指導者を調べると、いろいろな指導者が理念を持ってチームをつくっていることがわかるはずです。僕らが学生の頃は勝っているのがいいチームで、負けているのがダメなチームと思われてきました。

たいていの場合、勝っているのがいい指導者、負けているのがダメな指導者みたいな単純なラベリングで見ていたと思うんですけど、いまはそういう時代ではなくなっています。

父親　勝っているからいいチーム、負けているからダメなチームではないということですね。

鈴木コーチ　そうです。選手の成長のために時間を割いているチームもあるわけです。いまは指導者がそういった理念を持ってチームをつくっていたりするので、親がそれを選ぶ時代になってきたということです。勝っているからという理由だけでチームを選ぶと、考えていたような影響を子どもが受けられないかもしれません。スポーツ現場はいい方向に進むこともありますけど、悪い方向に行ってしまう場合もあるんです。子どもって出会う大人によって人生が変わります。どんな大人に出会わせたいか、どんな大人を目指してほしいかが非常に大事な観点になります。

父親　指導者やチームの理念を保護者が知ることが大事になりますね。それを知った上で、自分の考え方に合っているか、自分の子どもに合っているかを考慮して決断しなければなりません。勝っているチームに入れておけば何とかなるだろうと考える時代ではないんですね。

鈴木コーチ　ミニバスで「ウチは実力主義」というチームがあったとしましょう。うまければ、5年生であっても優先して試合に出す方針で、6年生という理由だけでは試合に使わない、うまい子が常に試合に出るチームです。そういうチームは勝ち進むことでチーム全体がたくさんの経験を積めます。思い出も増えるでしょう。一方で、違う方針のチームもあります。ウチは最終学年の選手を優先的に試合で使います。たとえ5年生にうまい子がいても、まずは上級生を試合で使って、そのメンバーで頑張ります。上手な5年生に対して6年生を応援することを学ばせ、試合では最終学年を大事にするチームです。どっちも素晴らしい理念です。それを親として理解した上で子どもを入れないと、あとで苦しむ要因になりかねません。例えば、自分の子どもが5年生ですごく上手であっても、理念を承知した上で後者のチームに入れたのであれば、「どうして、ウチの子を使わないんですか?」というのはルール違反になります。逆に、前者のチームでは、6年生になったときに「ウチの子は6年生なのに何で出られないんですか?」というのはルール違反です。正しいやり方があるわけじゃなくて、チームによって大事にしているものが異なるんです。それを納得した上でチームに所属することが大事なポイントになります。スポーツに関わる際の安心感が違ってきますし、無用なトラブルを避けることができます。

指導者やチームの理念を知ることが大事

理念の違いによる子どもへの影響

選手の実力重視

- 勝ち進むことで
たくさんの経験を得られ、思い出も増える
- 実力をつければ、下級生でも試合に出られる
- 実力がなければ、
最上級生でも試合を経験できない

全体のつながり重視

- 試合や仲間の応援などを
バランスよく経験できる
- 試合に出られるチャンスが誰にでもある
- 技術だけではなく、
チームの一員としての役割も学べる

父親　保護者の立場からすれば、言語化されていないと、指導者やチームの理念を理解することができません。

鈴木コーチ　大事なことだと思います。

影響を受ける相手や材料がスポーツで多くなる

父親　スポーツが子どもの成長にもたらすものについてはどう考えますか？

鈴木コーチ　いまは少子化がどんどん進んで、兄弟や姉妹が昔よりも減っています。核家族化によって、おじいちゃんやおばあちゃんがいない家庭も増えています。近所づき合いが減っていて、隣人との会話があまりなかったりします。つまり、身近な大人に関わることが少なくなっているんです。そうした現状の中で、ニクラス・ルーマンという社会学者が現代教育について批判して、「オートポイエーシス」について論じています。例えば、医療システムは健康な人が多いと楽で、病気の人が増えると圧迫されます。また、教育システムにおいて、学校で体育をやらないように変更すると、体育をやらない子がどんどん育って、不健康な大人が将来的に増えるかもしれません。

つまり、医療システムは教育システムの影響を受けることになります。ですから、保険料の金額を半分に減らすといった点について、医療に携わる人たちが医療システムだけを見てどうするかを考えてもうまくいきません。システムの話を例に挙げましたけど、このようにお互いに影響し合って変化すること、自己生成することを「オートポイエーシス」といいます。

父親　すいません。話がちょっと大きくなってわかりにくいです。

鈴木コーチ　子どももほかから影響を受ける存在ということです。兄弟を同じように育てても、兄と弟が違って育つことがありますよね。友だち、先輩、後輩、読んだ漫画など、出会う人や言葉などがそれぞれで違うと、お互いが異なる成長を見せるわけです。親だけではなく、自分が出会った人やものにも影響されて育っていくわけです。

父親　確かにウチの子どもたちもそうですし、僕自身も兄とはやはり違います。

鈴木コーチ　そうでしょう。バスケットの例でいうと、「自信を持ってもっと積極的にプレーしろ」と声をかけた場合、普段から真面目で失敗をおそれちゃうような子にとって、それは勇気が出る言葉です。前向きに頑張ろうと思います。反対に、普段からお調子者でちゃらんぽらんなことばっかりしている子は、もっとちゃらんぽらんなプレーをしてしまいます。つまり、同じ言葉かけでも、子どものもともとの考え方が違うと、言葉の影響力が変わるんです。親と子の関係だけでは子どもは育ちません。昔はいろいろな大人から影響を受けていたんですけど、いまはそれが減っています。そういう意味でいうと、スポーツをやると、先輩、友だち、コーチ、憧れの選手など、影響を受ける相手や材料がいろいろと多くなります。それはすごく価値があることなんじゃないかなと考えています。

父親　影響力という意味では、近年はSNSをはじめとするネット空間でも人と出会えます。そういう人たちが、よくも悪くも、影響を与えることがあります。

鈴木コーチ　そうですね。ただし、バーチャル空間ではボールを共有できません。スポーツをしようと思ったら、その空間に行かなければならないわけです。スポーツを好きでいることは、これから先の時代を生きていく子どもたちの人間性を豊かにするんじゃないかと思います。「スポーツは人間性を育みます」みたいなことをかっこつけていう人がいますけど、人間性はそんなに簡単なものではありません。それでも、スポーツを楽しむことには人間性を豊かにする要素が本質的にあると思います。だからこそ、子どもたちにはスポーツをもっと楽しんでほしいんです。

父親　ウチの子どもたちを見ていても、周りの影響力は大きいと感じます。一方で、スポーツを含む子育てそのものが時代の変化によって変わってきている気がします。

親の自分たちがこうだったから「あなたもこうしなさい」という理屈は通用しないと思うようになりました。

鈴木コーチ それだけに、スポーツの指導者の役割は大きくなっていると思います。

課題を発見し、それを自ら解決する

父親 鈴木コーチはよく「自主性と主体性は違う」といいますけど、どういうことでしょうか?

鈴木コーチ 保護者向けの講習会で「ミスと失敗は定義が違う」という話をよくします。「ミス」というのは「やれたはずのものが不注意などでできなかったこと」をいいます。できる能力があるのに不注意でできなかったのはミスです。一方の「失敗」は「自分ができないものに挑戦してうまくいかなかったこと」をいいます。エジソンが発明するために何回も失敗したというのはミスではありません。1対1のアタックでシュートを決めきれなかったのは失敗かもしれませんし、不注意によるミスかもしれません。

父親　ある本で、高校バスケットのコーチがいっていました。「ミスしてもいい」とは絶対にいわないと。「ミスしちゃうことはあるけど、『ミスしてもいい』なんてコーチがいうと、子どもたちはミスしてもいいプレーなんだと思っちゃうから、その表現がすごく大事になってくる」とのことでした。

鈴木コーチ　ミスと失敗の定義の違いがわかると、ミスはダメだけど、失敗には次があることを理解できます。ですから、ちゃんと定義分けすることがすごく重要になります。ミスと失敗をちゃんと分けておけば、チャレンジを失わず、なおかつ不注意を抑制することができるかもしれません。

父親　自主性と主体性の違いもそうしたことなんですね。

鈴木コーチ　気づいていただけましたか。「自主性」とは「すでに決められている課題や問題に自分からとり組もうとすること」をいいます。帰宅後、学校の宿題に率先してとり組むのは「自主性」です。何をすべきかを学校から提示されているわけですから。一方の「主体性」は「とり組むものを自分で選んで決めること」です。何をすべきかを自分で決めるんです。もうひとついうと、「問題」と「課題」も違います。問題はミスと同じようなこと。できていたものができなくなることです。「あることができるようになるには何が必要か」という形で出てくるのが「課題」。自分のベー

自主性と主体性の違い

自主性

すでに決められている
課題や問題に
自分からとり組むこと

主体性

自分自身で課題を
発見して
とり組むこと

スライン、基準線よりも上を目指す際に出てくるものが課題で、ベースラインよりも下のものは問題になります。

父親　なるほど。

鈴木コーチ　バスケットの男子日本代表が2019年にワールドカップに出場しました。それを見ていて、バスケットというスポーツは用意された戦術をお互いに壊し合うスポーツだということが改めてわかりました。スクリーンプレーのほとんどがパッケージ化されて、どう守るべきかが整理されています。何をするかが事前のスカウティングで相手に読まれているわけです。そのときに、コーチが用意したものをきちんとやるだけだと、トップレベルの選手にはなれません。スポーツ選手がプレーする際には、相手に研究分析される部分がたくさんあります。そこで相手の対応を上回るためには、自分で瞬時に判断して、最適なプレーを選び続けることが求められます。自分たちがやろうとしていたことがうまくいかなかったときに何ができるかが重要で、バスケット選手にはそうした能力が求められているんです。

父親　自主性だけではなく、主体性も求められるということですね。

鈴木コーチ　現代は移り変わりが激しい時代で、きのううまくいったことがきょうはうまくいかなくなるような不確実な世界です。急激な変化が起こりやすい時代でもあります。いろいろなものが絡み合って、何が正しいか、何をすべきかが曖昧な時代。そういう時代に決められたことをひたすらこなすような人材は実際にはあまり活躍できないと思うんです。ＡＩやロボットが今後さらに発展していくでしょうし、経営者側が課題を提示してそれをひたすらクリアするような働き方はＡＩやロボットが担うはずです。人間には、自分で課題を発見して、それを自ら解決する能力が求められるようになると思います。いままでのスポーツのコーチングは、コーチが「こうしろ、ああしろ」と指示して、選手がそれについていくスタイルが多かったんです。でも、いまの子どもたちに対する教育としては、ちょっとずれているかもしれません。僕は会社の経営者でもあるので、ビジネスの世界のこともいろいろ勉強しています。その中で、いまの時代の子どもたちに求められる教育は何かと考えれば、問題解決ではなくて課題解決だといえます。自主性ではなく、主体性が必要になるんです。そして、そういうところを学ぶためにはスポーツが必要不可欠だと思います。

父親　勝つためにはどうすればいいのかを考える際は、コーチに教わるのではなく、自分自身で課題を発見して、それに対して自らとり組んでいかなければならないんですね。

鈴木コーチ　その通りです。でも、指導者によっては違うやり方をする人がいます。

手っとり早く勝つには、昔のように教え込むほうがよかったりもします。「指導者を選ぶ時代」とはそういうことなんです。

父親　親の考え方や物事を見る目がますます大切になってきます。

指導者選びが親の重要な作業になる

鈴木コーチ　サッカーのコーチ研修でイタリアに行ったことがあります。育成に定評があるイタリアのチームのコーチングを学べるということで、学校の先生たちと一緒についていったんです。僕以外はみんな教員の方でした。イタリアのコーチは、子どもたちが練習メニューをちゃんとクリアできていなくても、メニューを次々と変えていきました。当然、日本の指導者たちは違和感を持ちます。ある先生が「どうして、できるまで教えないんですか？」と聞きました。「できない子をできるようにしてあげないんですか？」と。イタリアのコーチは「みなさんは指導者の役割や仕事をどういうものだと考えていますか？」と問い返してきました。日本の指導者はうまく答えられませんでした。イタリアのコーチにしてみれば、「指導者の仕事は課題を与えることであって、その課題を解決するのは選手の仕事です。あしたも同じメニューをやるといってあるので、彼らはあしたまでに解決策を考えてくるはず」というわけです。日本の指導者は一生懸命コーチングするので、5年、10年と指導者をやっていれば指導者自身が課題をうまく解決できるようになります。すると、子どもたちはコーチに課題を解決してもらうことになるんです。逆に、イタリアのコーチのような考え方で指導すると、コーチは課題を与えるのが年を重ねるごとにうまくなります。そして、そのコーチのもとにいる選手たちは自分で課題を解決することに慣れていくわけです。どっちの指導者も一生懸命です。でも、教育の定義、教えることの定義をどう考えるかによって、行動は全然違ってきます。

父親　子どもたちが受ける影響も当然違ってきます。

鈴木コーチ　その通りですし、だからこそ、親御さんの指導者選びが重要な作業になるんです。いまの子どもたちが生きていくこれからの時代は、自主性ではなく主体性が大事になります。問題を与えられてそれを解決するのではなく、自分で課題を見つけてそれを解決する能力が求められます。スポーツはそれに対していいツールになるんですけど、指導者には異なる色があって、じゃあ、どういうチームに入れたら子どもが成長するのかという問題が浮かび上がってきます。そして、そこに親が介在する

主体性を引き出す指導による効果

主体性を引き出す指導

指導者は課題を与え、選手自身がその解決策を考えるまで、支援する

↓

主体性が身につくと

自分自身で課題を発見できるようになり、それを解決する能力が養われる

意味が生じるわけです。

父親　地域によっては旧態依然としたチームに入れるしかない場合があります。

鈴木コーチ　そうかもしれません。でも、厳しくされることがまったくなくなったほうがいいのかといえば、それはあってもいいと私は思います。また、主体性が求められるとわかっているなら、親がそこのところを子どもに問うのもひとつの手でしょう。子どもが「コーチに怒られた」と話してきたときに、「そういう場合はどう考えたらいいんだろうね？」とか「どうクリアしたらいいと思う？」と尋ねるんです。教育ってそう簡単には変わりません。学校ではいまもたくさんの宿題が出ます。そうじゃない教育に徐々に変わろうとしているようですけど、それでもまだまだ変わりません。そんなときに、スポーツの現場で課題を与えたり、主体性が育まれることをバランスよくやったりすれば、子どもの教育に貢献できるのではないでしょうか。ガンガン教えるコーチのチームに入ったことを失敗とは考えないようにしましょう。そこで何を学ぶか、何を考えるかが大事になると思います。

父親　できなくても次に進むというイタリアの話ですが、「きょう、うまくいかなかった点について、あしたまでに考えてこい」と練習が終わったあとにいうんですか？

鈴木コーチ　当時はそこまでは見ていませんでした。推測ですけど、イタリアの場合、うまくなりたいと思うと同時に自分で決めたいと考える子どもが多い気がします。ですから、何もいわずに帰したとしても、絶対に点をとってやるぞという気持ちがあるので、翌日には自分なりの解決策を考えてくるんでしょう。つまり、うまくなりたい気持ちが子どもたちの根っこの部分にあることによって、課題の発見や課題の解決に主体的にとり組むようになるわけです。原動力はそこだと思います。スポーツが教育的な意味を持つためには、子どもにそういうモチベーションがあることがすごく大事になります。

父親　まずは子どもがスポーツを好きになること、うまくなりたいと思えるように応援していくことが大事だということですね。

「子どもが出会う最初のコーチは親」

鈴木コーチ　ゲームに夢中になっている子どもをどうやってゲームから離れさせればいいと思いますか？　これはインターネットに出ていた話なんですけど、ゲームをやめさせたいんだったら、ゲームの目標を立てさせ、それがどこまで進んでいるかの進捗状況を親が定期的に管理して、親が思うようにやらせるといいそうです。どうして私のいう通りにしないいんだと怒りながらやらせれるんです。進捗状況が遅れていたら、「どうして、目標に達していないんだ。ちゃんとやりなさい」みたいな感じで叱って、遅れた理由を示させます。そして、隣に座って画面を見ながら、「どうして、そこでキックしないいんだよ」といった具合にずっと指示を出し続けていると、最後にはゲームが嫌いになるとのことでした。それを本当にやった人がいたらしいですよ。子どもがゲームを買ってほしいとうるさいので、ソフトを10本くらい一気に購入してきて、「全部クリアするまで絶対にやめるな」と宣告。そのあと、親はテレビの前でつきっきりで見ていました。すると、子どもが「もういい」といって、それ以来ゲームをしなくなったということです。

父親　面白い話ですね。

鈴木コーチ　何がいいたいかというと、大好きなゲームですら、親がそうやって関わるとやめたくなるものなんです。スポーツも同じ。そういう言葉ってスポーツでもいいそうじゃないですか。「どうして、練習しないいんだ」、「どうして、そこでシュートを打たないいんだ」といった類の言葉です。子どもたちの原動力になるのは、バスケットをやりたいという気持ちを持ちながら、うまくなりたい、勝ちたい、シュートを決めたいと考えることです。バスケットを嫌いにならないようにさせることがとても大事なポイントになると思います。

父親　この話って、何かを嫌いになる場合の典型例ですね。

鈴木コーチ　そうです。勉強が嫌いになるときも同じです。

父親　親がいちいち口を挟むと、子どもは嫌になります。ゲームのケースは理解しやすかったんですけど、スポーツのことになると、口を挟んでしまいます。どうしてなんでしょうね？

鈴木コーチ　スポーツはつい熱くなりますからね。それに近いケースの話をします。僕のスクールに「チームのコーチが教えてくれないから、ここに連れてきました」という保護者の方がいました。親御さんはチームが弱いからうまくなれないと話し、自分の子どもが成長しない原因をコーチのせいにしていました。要するに、親はチームが悪いと考えてしまいがちなんです。すると、うまくいかないのは誰かのせいなんだと、その子にも刷り込まれちゃいます。そういう子どもは、うまくなれるかどうかは自分次第だということがわかっていないので、違うところに行っても、成長のスピードが遅いんです。私はたくさんの子どもや保護者と関わってきましたけど、その経験の中で、子どもの成長を左右する最大のトリガー（引き金）は、周りは関係なく、自分に何ができるかを考えられることだと感じています。コーチやチームが悪いと考えるのはよくありません。自分に何ができるのか、その手本を親が子どもに見せることがすごく大事になると思います。

父親　親の言動は、子どもを成長させる要因にも、成長させない原因にもなるわけですね。中山さんも親がロールモデルになってほしいと話していました。

鈴木コーチ　ジョン・ウッデンという有名なバスケットのコーチの言葉に、「子どもが出会う最初のコーチは親」というのがあります。親や大人がいくら本を読み聞かせても、いくら説教しても、子どもはそれを受け止めるわけではありません。子どもは親がやっていることを見て、真似をして、どうあるべきかを学んでいくものです。何をいうかではなく、どんな背中を見せるかが大事なんです。ギルバート・ライルという人も同じようなことをいっています。道徳心を学ぼうとする場合、道徳の授業を受けたからといってみんなが道徳的な人になるわけじゃありません。道徳の家庭教師がいるわけでもありません。これから道徳を教えますという形で説明されると、子どもは「こういう行動をしろといいたいのね」と受けとります。それは、もはや道徳的な学習ではありません。道徳をどのようにして学ぶかといえば、身近な手本になる人の模倣から学ぶんです。つまり、指導者や親といった身近な大人が示す手本から学ぶことによって、その手本のようになっていくんです。子どもが試合に出られないのはコーチが見てくれないから、うまくならないのはコーチが教えてくれないからといった具合に親が周りのせいにすると、結局のところ、子ども自身が苦しみます。うまくいかないと周りのせいにして、周りが変わったら自分もうまくなれるんだと考えてしまうと、何事も自分次第という円がどんどん小さくなります。自分次第でうまくなれるという円を大きく描くことが成長につながるんです。そう考えることが主体性にもつながります。

理想は勝利至上主義と育成至上主義の中間

父親　もうひとつ聞きたいことがあります。保護者と指導者が共有すべき勝利の意味と価値についてです。子どもとしては勝ちたいですし、親としてもそうです。指導者としても、もちろんそうでしょう。ただ、専門家の方々の話を聞いていて、親と指導者では、もしかすると根っこの部分の意味と価値にずれがあるのかなと感じました。

鈴木コーチ　子どものスポーツについては、課題を与えることが重要だから、勝てなくてもいいんだといった考え方が近年の指導者の中に見受けられます。「勝利至上主義はダメ」という意見が強くなったことで、「指導者は子どもたちを育成しなければならない」との考えが主流になってきました。すると、「成長するために、みんなの課題としてやることだから、負けたっていいじゃないか」といったりするわけです。でも、それではバランスが悪いと思います。もちろん、まだまだ勝利至上主義の人もいます。勝利至上主義じゃない人は逆に育成至上主義に陥って、その2パターンに二分化されています。勝利至上主義の問題は自主性すら育たないこと。いわれたことをただやるだけになりやすいわけです。指導者は勝ちたいので、勝つための方法や戦術を教えて、こうやれと強制します。勝つために一番いい方法を指導者は知っていて、その通りにやれば勝てるというわけです。結果として、インターハイで優勝したさきほどのキャプテンのようになってしまうのが勝利至上主義の問題点です。でも、だからといって、勝たなくてもいいとしてしまうと、今度は育成至上主義に傾きます。そういう指導者は「勝てなくても君たちの責任だから」と自分は何の責任も負いません。

父親　それはちょっと困るというか、指導者が責任から逃げているようで、ちょっと腹立たしいかもしれません。

鈴木コーチ　すると、指導者の存在意義は果たして何なのかという話になります。そもそも、スポーツの本質は勝ち負けの中にあります。これは厳然たる事実です。成長して勝利に近づくという属性があるので、勝たなくてもかまわないといってしまうと、成長しなくてもいいことになります。ですから、育成至上主義はそれはそれでやりすぎではないかといわれるんです。鬼ごっこの際に「別に捕まってもいいよ」みたいな子がいるイメージです。逃げない人を捕まえるのが一番つまらないわけです。勝たなくてもいいというと、そういう子どもになります。捕まらないためにはどうすればいいのかを考えて、全力で逃げるところに面白さがあるので、勝たなくてもいいと思うのは子どものスポーツとしてバランスに欠けています。逆に勝利至上主義は何かといえば、逃げている子どもを大人が羽交い締めにして「捕まえちゃえ」みたいにやることです。これはこれで面白くないですし、子どもが自分で解決する能力が磨かれることとはありません。勝利を目指す一方で成長の責任もちゃんと負うという、ふたつのバランスをしっかりとることが指導者には求められます。

父親　勝利至上主義と育成至上主義の中間があるはずということですね。

鈴木コーチ　そうです。乱暴な分け方をすると、「勝たなくていい」というのであれば育成至上主義です。逆の勝利至上主義のほうは、もうひとつ曖昧でした。「勝ちにいけ」といえば勝利至上主義で、「勝たなくてもいい」といえば勝利至上主義ではな

勝利至上主義と育成至上主義の
中間であることが重要
中間
勝利を
課題にする指導
育成を
課題にする指導
勝利を
課題にする指導
育成を
課題にする指導
選手自身が主体的に
勝利を課題にするようになる指導

いと考えられてきました。でも、最近はその境界線がもう少し明確に定義づけされています。では、勝利至上主義のライン、境界線はどこになるのでしょうか。勝利という課題を指導者が乱暴に解決しようとしているのであれば、勝利至上主義だと考えられます。でも、勝利という課題を選手自身のものにしているのであれば、勝利至上主義ではありません。

父親　まさに中間ですね。「勝利育成主義」みたいな感じでしょうか？

鈴木コーチ　そうです。2019年のワールドカップで準優勝したアルゼンチンの育成システムを見たんですけど、アンダー13（13歳以下）のときはやるべきことがすごく少ないですね。戦術的なプレーなんて、ほとんどありません。その年代の現場で日本が戦術的なプレーを使ったら、めちゃめちゃ効果的です。相手が未熟ですから。この部分に早めにとり組めば、勝てちゃいます。でも、戦術的なプレーはあとに持っていったほうが、成長をより促せるんです。選手が成長する上で解決しなければいけない課題が多くなるからです。つまり、勝つための一番いい方法と育てるための一番いい方法は全然違うわけです。指導者は勉強するとそういうことがわかってきます。ですから、保護者が指導者を選ぶ上では、その指導者がどういった理念を持っているかが重要になるわけです。勝つための方法を勝利至上主義的にガンガン教えて、選手の代わりに課題を解決するようなコーチなのか、それとも、勝たなくてもいいとする育成至上主義なのかを把握しなければいけません。子どもたちに課題を与えて、勝つためにはどうすればいいかを子どもたちにちゃんと考えさせているかどうかが大事。おとうさんの言葉を借りれば、勝利育成主義で臨んでいるかどうかを見極めなければいけないんです。子どもたちの成長は子どもたち次第。子どもたちの取り組みに対して指導者がうまくサポートしているチームが理想じゃないかと思います。

父親　そういう理想のチームに出合えたら、子どもも保護者も幸せです。

鈴木コーチ　理想のチームであるかどうかを見抜くには、コーチの普段の行動や試合の進め方を観察する必要があります。ピーター・ドラッガーというオーストリアの経営学者によれば、「リーダーシップは資質ではなく仕事である」といいます。仕事として与えられれば磨かれるという話です。リーダーシップのある選手はバスケット界にも少ないといわれています。日本においては、学校でもチームスポーツでも、子どもがリーダーシップを発揮しなければいけないような状況がまったくありません。この練習をどうやるか、どうよくするかに関して、指導者が常に指示してしまうので、子どもたちにしてみると、もっといい練習にしなければいけないと思う余地がないわけです。自分から積極的にチームに関わる姿勢を「オーナーシップ」というんですけど、いまの日本には、自分次第で練習がよくなる、チームもよくなるというオーナーシップが欠けているんです。そのためリーダーシップが発揮される場面が少ないんです。

父親　子どもたちが主体的に関わるチームづくりが必要になると。

鈴木コーチ　そうなんです。スポーツが子どもに与えるものは、そうしたことを学ぶチャンスなんです。勝利至上主義と育成至上主義の中間にあるようなチームやそういうコーチングスタイルが、子どもたちの成長を促すんじゃないでしょうか。こういった話が記事などになることはなかなかありません。そもそも、こういうことを考えている人がまだまだ少ないのかもしれません。理想的な指導者を見つけようと思ったら、保護者としては大変だと思います。でも、保護者側が理想を持つことによって、指導者は変わると思います。保護者が「勝ってほしい。どんな手を使ってでも勝ってほしい」といったとすれば、たとえ育成したいと考えているコーチでも、勝たせなければいけなくなってしまいます。逆に、保護者が勝利と育成の中間をしっかり求めれば、指導者もその求めているものを大事にすると思うんです。

父親　指導者が勉強するのは当然なんですけど、その一方で、勝利至上主義がよくないと聞いた親は勝利を目指さなくてもいいと考えがちです。でも、そうではなくて、第3の選択肢というか、その中間にある考えを親が知っていれば、それをコーチに求めることができます。いい方が正しいかどうかわかりませんけど、親はコーチを育てるひとつの要素になるような気がします。

鈴木コーチ　そう思います。「勝たなくては意味がない」ということではないですし、「勝てなくてもいい」ということでもありません。負けたときに、「勝ちたかったよね。じゃあ、次の試合で勝つためには何ができるんだろうね?」といえるかどうかです。つまり、「**勝利を子どものものにする**」ってことです。中山さんも話していましたけど、アメリカのＡＡＵ（Amateur Athletic Union：アマチュア運動連合）などで起きている親の過熱ぶりが日本で起きないようにするには、こういった情報が保護者のみなさんに届いていることが大事になると思います。

父親　中山さんが示してくれたＬＴＡＤ（Long Term Athlete Development）の四角形が大事なポイントになるんでしょうね。競争的であること、勝ち負けだけじゃなくて競争的な気持ちを持つことこそが成長につながるんだなと感じました。ところで、チームに入ってはみたけれど、コーチの考え方が思っていたものとは違うと感じた場合、育成年代での移籍は可能なんでしょうか?

鈴木コーチ　可能です。移籍する場合は年度の変わり目が最適ですけど、年度の途中でもできます。いまはリーグ戦を始めている都道府県があるんですけど、例えば、部活を引退したあとにクラブチームに入ってリーグ戦に出るのであれば、途中変更もOKです。それ以外の途中変更のケースでは、都道府県協会が移籍の理由を聞きとるなど、さまざまな手続きが必要になります。でも、年度が変わるタイミングでチームを変えるのは自由になっています。やめる理由としては、いろいろあると思います。昔は簡単にやめちゃいけないといわれていましたけど、いまは逃げる勇気みたいな話がありますし、環境を変えるのも大事という意見もあります。何が正しい選択なのかについては、置かれている状況、背景、文脈がその家庭や選手によってまったく違うので、「やり続けたほうがいい」、「やめたほうがいい」ということは一概には言えません。どこに焦点をあてて考えるべきかといえば、いまの時代は「成長」にあてます。成長するためにやり続けたほうがいいと考えれば続けますし、成長するために環境を変えたほうがいいと考えれば変えたらいいでしょう。バスケット以外の別のスポーツに移るのもひとつの方法です。一方で、「試合で使ってもらえないからやめる」というのは違う気がします。「次の試合に出るためにはどのように頑張ればいいのか」という課題が目の前にあるわけですから、「いまはその課題をクリアするタイミング」と考えるべきです。保護者としても、成長するためにスポーツをやらせているという軸があれば、目の前の課題をうまく使えるんじゃないかなと思います。僕自身は、基本的に「やめる」ことは選ばないタイプの人間です。成長につながる課題がそこにまったくないということはほとんど起こり得ないからです。でも、やめてはいけない、逃げてはいけないということで自分を追い込みすぎて心が病んでしまう選手もいると思います。基本的に、子どもたちにはスポーツを好きでいてほしいと思いますし、好きだからこそ成長につながり、教育的な価値が高まると考えているので、そういった部分を含めて、親も指導者も成長に焦点をあてて考えることが大事なのかなと思います。

父親　最終的には原点に戻るわけですね。子どもが成長するためにスポーツを勧めておきながら、うまくなったり、チームが強くなったりすると、原点をつい忘れがちになります。そこのところは保護者として忘れてはいけないことなんですね。

終章 まとめ

■ 子どもたちに
スポーツをさせるのは
「成長してほしい」からである

■ 勝っているのがいい指導者、
負けているのがダメな指導者という
時代ではなくなっている

■ スポーツをやると、
影響を受ける相手や材料が
いろいろと多くなる

■ いまの子どもたちに求められる
主体性を学ぶためにはスポーツが
必要不可欠である

■ 何をいうかではなく、
どんな背中を見せるかが大事になる

■ 勝利と育成の中間をしっかり求める

おわりに

子どもたちのスポーツを子どもたちのものにする

おわりに　子どもたちのスポーツを子どもたちのものにする

ＥＲＵＴＬＵＣの事務所で鈴木コーチと別れた帰り道、僕は専門家の方々に聞いた話を振り返ってみた。

中学から大学まで、そして、いまもまだバスケットを続けている僕は、ある程度の経験を積んできたことで、自分がそこそこの知識を持つと思っていた。しかし、ひとりの親として子どものバスケットに触れたとき、プレー経験だけではわからない事実がいくつもあることに気づかされた。いや、一筋だからこそ見えないことがあると知った。

意識が低かったといわれれば、もちろんそれまでである。人間の体のことも、栄養のことも、ギアのことも、意識を傾ければ、いくらでも情報を得られたはずだ。それなのに、僕は情報を得るための扉を自分自身で閉ざしていた。自分が経験してきたことだからわかるはずと思い込んでいた。

しかし、それではダメなのだ。親になっても学ぶことを忘れてはいけない。いや、親だからこそ、学ばなければいけない。専門家の人たちの知識が僕たち保護者に大きなヒントを与えてくれた。堅苦しい内容ではまったくなかった。

それらを実践したからといって、娘たちが将来、日本代表に選ばれるわけでも、息子がNBA選手になれるわけでもない（もちろん、可能性はゼロではないのだが……）。ただ、ためになる専門的知識に触れるのだから、少なくとも、バスケットやスポーツを嫌いになることはないだろう。一生のスポーツとしてとり組んでくれる可能性だって高まるはずだ。いつか、親子で2対2ができるかもしれない。妻も合わせて親子で1チームつくってもいい。そんな夢想をしてみた。そうなったら、親として最高に幸せな瞬間だろう。

さて、改めて考えてみる。

僕たち親は何のために子どもにスポーツをさせているのだろうか？

そして、どんなサポートができるのだろうか？

答えはひとつではない。これからもいろいろな情報に触れ、僕たち家族なりの答えを見つけていきたい。「子どもたちのスポーツを子どもたちのものにする」というこの1点だけは決して忘れないようにしながら——。

著者
プロフィール

三上 太

（みかみ ふとし）

スポーツライター。1973年生まれ、山口県出身。早稲田大学を卒業後に一般企業に就職するも4年で退社。専門学校を経て、バスケットボールを中心としたフリーランスのスポーツライターに。男女日本代表やBリーグ、Wリーグだけでなく、学生年代まで幅広くカバー。WEB「バスケットボールスピリッツ」、「バスケットボールキング」に寄稿。著書に『高校バスケは頭脳が9割』（東邦出版）がある。

監修者
プロフィール

鈴木 良和

（すずき よしかず）

株式会社ERUTLUC代表取締役。1979年生まれ、茨城県出身。千葉大大学院に在籍中の2002年に「バスケットボールの家庭教師」の活動を開始。小中学生を中心に高校生から幼稚園児まで幅広く指導し、バスケットボールの普及と強化に努める。その後、株式会社ERUTLUC（エルトラック）を設立し、バスケットボール教室、出張指導、クリニック、キャンプ、指導者の研究会などを主宰。「なりうる最高の自分を目指そう」を理念に、ジュニア期のコーチングの専門家としてさまざまな活動を展開している。

株式会社ERUTLUC 公式ホームページ
http://basketballtutor.com/

子《こ》どもがバスケを始《はじ》めたら読《よ》む本《ほん》

7人《にん》の賢者《けんじゃ》に聞《き》いた50の習慣《しゅうかん》

2021年1月31日　第1版第1刷発行
2024年9月30日　第1版第6刷発行

著　　者　三上《みかみ》 太《ふとし》
監　　修　鈴木《すずき》 良和《よしかず》
発 行 人　池田 哲雄
発 行 所　株式会社ベースボール・マガジン社
〒103-8482 東京都中央区日本橋浜町 2-61-9
TIE 浜町ビル
電　　話　03-5643-3930（販売部）
03-5643-3885（出版部）
振替口座　00180-6-46620
https://www.bbm-japan.com/

印刷・製本　大日本印刷株式会社

© Futoshi Mikami,Yoshikazu Suzuki 2021
Printed in Japan
ISBN 978-4-583-11331-9 C2075

※定価はカバーに表示してあります。
※本書の文書、写真、図版の無断転載を禁じます。
※本書を無断で複製する行為（コピー、スキャン、デジタルデータ化など）は、私的使用のための複製など著作権法上の限られた例外を除き、禁じられています。業務上使用する目的で上記行為を行うことは、使用範囲が内部に限られる場合であっても私的使用には該当せず、違法です。また、私的使用に該当する場合であっても、代行業者等の第三者に依頼して上記行為を行うことは違法となります。
※落丁・乱丁が万一ございましたら、お取り替えいたします。